科学辟谣脱口秀

张宇识 ◎ 著

身边的科学
和你想的不一样

北京大学出版社
PEKING UNIVERSITY PRESS

内容提要

本书以科学辟谣为内容,用"脱口秀式"的语言风格来呈现身边"和原来想的不一样"的科学。书中选取了生活中广为流传的、令人印象深刻的谣言来进行"辟谣",覆盖健康养生、衣食住行、现代科技、动物、新闻、故事等多个方面。通过分析谣言本身的逻辑问题、谬误之处来进行辟谣,讲解与谣言相关的科学知识,在全书最后还论述了在生活中怎样鉴别谣言。此外,本书也讲到了一些思考问题的方式、分析问题的方法,融入了科学思维、科学方法的有关内容。本书风格轻松幽默、诙谐活泼,既适合中学生等青少年群体,也适合对生活中的科学知识感兴趣的成年人阅读。

图书在版编目(CIP)数据

身边的科学:和你想的不一样/张宇识著.——北京:北京大学出版社,2021.10
ISBN 978-7-301-32546-9

Ⅰ.①身… Ⅱ.①张… Ⅲ.①科学知识-普及读物 Ⅳ.①Z228

中国版本图书馆CIP数据核字(2021)第194654号

书　　　名	身边的科学:和你想的不一样 SHENBIAN DE KEXUE:HE NI XIANG DE BU YI YANG
著作责任者	张宇识　著
责 任 编 辑	王继伟　杨　爽
标 准 书 号	ISBN 978-7-301-32546-9
出 版 发 行	北京大学出版社
地　　　址	北京市海淀区成府路205号　100871
网　　　址	http://www.pup.cn　新浪微博:@北京大学出版社
电 子 邮 箱	编辑部 pup7@pup.cn　总编室 zpup@pup.cn
电　　　话	邮购部 010-62752015　发行部 010-62750672　编辑部 010-62570390
印 刷 者	三河市博文印刷有限公司
经 销 者	新华书店
	787毫米×1092毫米　32开本　6印张　100千字 2021年10月第1版　2023年9月第2次印刷
印　　　数	6001-8000册
定　　　价	49.00元

未经许可,不得以任何方式复制或抄袭本书之部分或全部内容。
版权所有,侵权必究
举报电话:010-62752024　电子信箱:fd@pup.pku.edu.cn
图书如有印装质量问题,请与出版部联系。电话:010-62756370

前言
PREFACE

现代社会大多数人都知道要相信科学、崇尚科学,但现在已知的科学究竟是不是最根本的真理,这个问题可能没有人能回答。打个比方,或许科学就像"四季变化"层面的现象,四季变化的背后还有"地球倾斜与公转"这种更深层的原因,但知道了四季变化,就能指导农业生产。所以,虽然科学是不是最根本的真理,我们现阶段无法下定论,但至少目前来看,科学技术的发展给我们带来了很大的幸福感。

虽然大家知道要相信科学,但很多人分不清哪些是真正的科学、哪些是披着科学外衣的伪科学,很多时候伪科学与科学看起来好像就只差一点点,看似很科学的分析往往由于少考虑了某个因素(如剂量),就变成了伪科学的谣言,可谓"一步之谣"。很多身边的科学,和我们原来想的或许并不一样,这让不少人在生活中很容易上当受骗。

然而我们也会发现，对于一些人，特别是长辈，你说他们被骗了、上当了，或者之前了解的东西不对，他们很难接受。不用说长辈，就我自己来说，我很小的时候听评书里讲"燕子三抄水，轻功提纵术"，当时感觉这种说法应该是不符合动量守恒定律的，但我当时内心又很难接受自己喜爱的艺术作品里面居然有明晃晃的科学错误，一直在想能不能有一个合理的科学解释，一直想到长大以后，我才慢慢放弃了，接受了。对于长辈来说，他们也有类似的情况，他们对自己的判断力很有信心，很多观念也根深蒂固，不愿意接受新观点。但轻松幽默的科普形式，会让人放松下来，降低"戒备"和"敌意"，所以以幽默的方式传递信息和观点往往容易被人接受，而脱口秀就是这样的一种形式。

这本书最主要的特色，就是使用了脱口秀的形式来表达。其实，文艺和文化宣传一直密不可分，我也一直致力于科学文艺作品特别是科学喜剧的创作。科学本身就有一定的趣味性，人们获得新知是快乐的，我们把科学的趣味性和文艺的趣味性融合起来，会让科学更有趣味，也会让文艺作品更有内涵。所以我也希望将来能够有机会发展一个新的交叉学科——文学艺术和理工科的交叉。现在确实有不少人也在做这方面的尝试，但往往是理工科大咖和文艺类大咖的强强联合，而不是一个人将两个领域融会贯通。强强联合虽然好，但毕竟有些东西是很难用语言传递的。我也希望自己将来能做到将两者融会贯通，但现在还差得很远。

很多人说我是中国第一位正式表演科学脱口秀的人，也有人说我是世界上第一位表演中文科学脱口秀的人。具体是不是我没有考证过，不过确实至今还没发现其他人也在做真正意义上的科学脱口秀的创作和表演。很多科普节目或者书籍声称自己是科学脱口秀，但其实并不算是，那只能算是一种幽默表达。脱口秀是一种特别的艺术形式，其实更准确地说应该叫"单口喜剧"，由一个人使用一支麦克风在剧场里进行观点和情绪的表演。脱口秀表演和讲课幽默是两回事，脱口秀表演需要特定的环境、节奏和内容，现场观众也是表演的重要组成部分。

关于科学脱口秀如何创作、如何表演，如果有机会，我会通过另外的书来表达我的看法。这本书更像是一本"科学脱口秀段子集"，以脱口秀的方式进行辟谣，讲述科学知识，特别是最后一章还融入了一些思考问题的方式、分析问题的方法，这也是科学传播的重要部分。但毕竟写书和表演不一样，没有表情和动作的情绪传递,更没有现场观众的互动。脱口秀的文本非常口语化不能直接出版,可读性较差,需要进行很多调整。不过本文还是尽可能保留了一些脱口秀的节奏和风格,更重要的是,文章中包含了脱口秀表演的笑点——至少是可以挖掘的笑点。如果把这些笑点按照脱口秀的节奏来表演,结合自己的风格,再加上互动,我相信现场效果应该还是不错的,我也会基于这本书的内容开一个科学脱口秀专场表演。所以总结一下,这本书里的文章相当于脱口秀表演文本和书面文字的权衡与融合——当然,或许也有人认为这是四不像,不伦不类。

另外,在脱口秀表演中,很多时候都是以第一人称讲述,比如说"我的妈妈如何如何""我有一个朋友怎样怎样",有的时候只是一个经过艺术加工的趣事,并非个人真实经历。这种情况下,现场表演的时候大家都知道是开玩笑,但作为正式出版物,没有表情的介入,单纯的文字叙述容易被人当真,显得不够严谨,所以我在书中引入了"陈辰"这个虚构人物,以他的视角叙述一些艺术加工过的趣事,以区分个人的真实经历。文中也有一些第一人称的叙述,比如"我在上大学的时候……"这些就确实是我的真实经历了。

其实写过上一本科普书之后,我短期内本来不打算再写新书。

科普书实在不好写，需要对很多问题进行多方印证，生怕出错。然而母校出版社的老师找我约稿，却又勾起了我的情怀。一是对母校的情怀，二是对脱口秀的情怀，三是对科普的情怀。写这本书的过程很不轻松，虽然我自己头脑中有一些积累和判断，但为了能够更准确，我参考了各种各样的图书和其他文献，咨询了各个领域的专家，听取了多方意见和观点，再把这些新知识与我自己原有的知识和判断进行融合重组，再输出。另外还要花大量时间思考如何把内容编成段子、设置笑点。不过需要说明的一点是，本书属于文学作品，不是学术论文，里面的科学知识并不是我的研究成果，不过里面的表达是我的创作。当然，我的理解也未必全都正确，科学也是在不断地发展，如果有表述错误、表达不清之处，也欢迎各位读者批评指正。

希望我的这本书，哪怕仅是里面的一句话，能让读者微微一笑。如果读者看过之后还能记住书中的一两句话，那将是我莫大的荣幸。同时，也欢迎大家关注我的科学脱口秀表演。

目录
CONTENTS

01 经典谣言莫上当

往烤串上滴血,你怕了吗? // 002

科学家的假故事 // 007

偷肾的恐慌 // 012

漩涡:我也找不着北 // 017

一张图看穿你的性格? // 022

手机:这些只是传说 // 027

02 "健康理论"不健康

错误养生堂 // 033

疫苗可靠吗? // 037

"酸碱体质"骗局 // 042

对癌症的认识误区 // 046

坐月子科学吗? // 050

运动健身的误区 // 054

目录

03
吃喝可以大胆点

食物相克不可靠 // 060

喝水可以更自由 // 065

激素农药总背锅 // 070

添加剂并不可怕 // 075

空腹到底能吃啥？ // 079

打假有时也有假 // 083

04
欺骗感情的动物

语文书里的"假"刺猬 // 089

动物能预报地震？ // 093

蚊子也"挑食"？ // 097

被冤枉的小龙虾 // 102

斗牛非得用红布？ // 106

动物传说别当真 // 111

05
现代的前沿科技

辐射都会致癌吗？ // 116

U 盘缩水？是个误会 // 120

冰箱不能放热食物？ // 125

锂离子电池的充电误区 // 130

真假纳米技术 // 134

"量子速读"读不了 // 139

06
生活中的衣食住行

晕车到底怎么办？ // 145

这些房子不能买？ // 150

"衣食"可以防辐射？ // 155

衣服必须分开洗？ // 160

微波炉加热食物致癌？ // 165

关于飞机的那些谣言 // 170

后记：慧眼识谣 // 176

✕ 01

经典谣言

莫上当

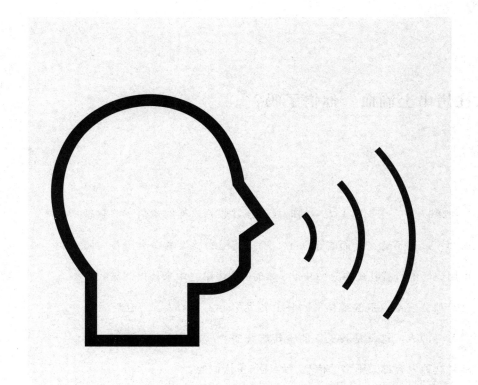

往烤串上滴血，你怕了吗？

2007年，在我刚上大学的时候，经常收到这样的短信："紧急通知：最近不要在外面吃东西了，一些艾滋病感染者在全国各大城市用烧烤的竹签扎破自己的皮肤，将血滴到烤串之中来传播艾滋病，已经被公安部、卫健委核实。马上转发给你关心的人。"还转发给我关心的人？这就是我关心的人转给我的。那段时间我收到了一大堆和这种内容都差不多的信息，像拜年短信似的。

当年的室友也经常收到这样的信息，我们当时还琢磨，这种信息是不是手机运营商编造的,为了让你转发,从而收取更多的短信费用。后来发现好像也不是,因为后来有了"飞信"业务,发飞信并不用额外花钱,这些消息很多时候是通过飞信不断传播,并且这条信息在传播过程中还产生了各种变体,有的加上了"央视新闻报道",有的不仅说把血滴在烤串里,还滴在大盘鸡里、凉菜里,等等。反正什么好吃就说把血滴在什么里,感觉被"滴血"的菜越来越多,这么下去能写一段《报菜名》了。我当时特别讨厌这种谣言短信的骚扰,尤其是半夜,每次收到之后我都想吃夜宵。

这条信息里面说"公安部和卫健委已经核实了",确实已经核实了:这是一条谣言;里面说"央视新闻报道",确实也报道了:告诉大家不要相信。再说,如果真有这种事的话,只能说犯罪分子"脑子瓦特了",因为用这种方式,艾滋病传染不了,血倒是能滴没了。

艾滋病病毒在人体内很难对付,但是在体外它就"白给"了,在体外干燥的环境下过一段时间(有的说法是十几分钟,有的说法是几个小时)就会失去感染能力,而且温度越高,病毒就死得越快。烧烤那么高的温度,艾滋病病毒进去以后和进了炼丹炉差不多,有

个三五分钟就算不"化为焦土",一般来说想再传染给别人也不太可能了。有人说,会不会人家烤完之后晾一会儿再偷偷滴血呢?或者滴在凉菜里拌一拌?凉菜也不需要加热啊!

即使是凉菜不加热,吃进肚子里后,被传染的可能性也极小。目前认为艾滋病的传播途径只有三个:性接触、血液及血制品、母婴传播,并不包括吃,也不包括打喷嚏。除非是口腔或者食道破损,又恰好吃了新鲜的艾滋病病人的血液,血液又恰好碰到了破损处,哪怕是这样,也只是有一定的感染概率。再说凉拌菜里,总不能明晃晃地挤一摊血进去等着别人吃吧?况且血液滴进凉菜之后经过酱油、醋、蒜泥的打击,以及各种菜渗出的水的稀释,这种情况下即使口腔有破损,被传染的概率也是非常小的。如果口腔没有溃疡,艾滋病病毒是几乎不可能"病从口入"的。

另外我们平时和别人一起用餐也不用担心被传染艾滋病,人体的唾液、泪液、尿液里面艾滋病病毒含量极少,艾滋病病毒需要达到一定的浓度才能对人造成感染,所以这些也都不是传播途径——当然,如果非把别人的唾液当水来狂饮,可能需要另当别论。

其实这条信息具有比较明显的谣言特征:今天说滴到羊肉、牛肉里，过几天又说滴到鸡肉里，这是来滴血认亲的吗？还加入"央视新闻报道"这种吸引眼球的不实标签，必定会被证实是虚假的。

光阴似箭，日月如梭，现在短信不怎么用了，"飞信"业务也不存在了，可这条谣言还在传播，飞信都没熬得过它。现在它开始在微信里继续"经典永流传"，所以本书也把它收录到"经典谣言"里，希望它以后能不再作为谣言流传，而只能作为"经典谣言案例"来流传。

科学家的假故事

有一次陈辰遇上一个女孩，他和她说："你特别有吸引力。"她偷笑了一下，问："真的吗？"陈辰说："真的。牛顿说过，质量越大，吸引力越大。"

牛顿发现万有引力定律，与此相关的还有个流传很广的故事：欧洲闹瘟疫，牛顿躲在乡下地里的苹果树下看书，他被苹果砸了，就顿悟出了万有引力定律。这多亏牛顿是在苹果树下，要是在榴莲树下可能他就再也发现不了万有引力定律了。

其实关于牛顿的故事特别多，今天被苹果砸了，明天把手表煮了，后来又说他为了学生重修课程收钱发明了微积分，等等，但这些故事的真实性都值得怀疑。关于苹果与发现万有引力的故事，确实有相对可信的记载，说牛顿由苹果落地想到了关于引力的这些问题，但并没说他被苹果砸过，这个故事是后来有人自己脑补的。

不过无论真假，现在还记得牛顿各种定律的人没多少，很多人只知道牛顿被苹果砸过的故事。按娱乐圈的话说，要想被记住、不过气，就得像很多综艺选秀那样，不仅要唱得好，还得有故事、有标签。所以有人怀疑，当年的很多故事是不是为了给科学家"带流量"？否则，谁把手表煮了还到处宣扬"来，尝尝我这水煮手表，特别有嚼劲"？

但是像牛顿这类大咖其实不需要带流量，更大的可能是别人蹭他的流量：有很多人怕写了故事没人看，就用名人编故事。小学有一篇课文《两个铁球同时落地》，说伽利略质疑亚里士多德"重的物体比轻的物体下落速度更快"的结论，认为两个铁球应该同时落地，于是就跑到比萨斜塔上往下扔铁球做实验。但如果这个实验真做了，伽利略可能会发现两个铁球不是同时落地，因为空气阻力的影响并不是可以忽略不计的——这还多亏是拿铁球，要是拿俩气球就更不会同时落地了。

实际上这个故事是伽利略的学生为了多赚点稿费杜撰的，用现在的话说，是为了打造一篇"10万+"的文章"造的谣"，故事还选择了网红打卡地比萨斜塔（俗称"歪楼"）。

还有一个著名的故事叫"爱迪生救妈妈"，说爱迪生7岁的时候，他妈妈半夜突发急性阑尾炎，因为种种原因只能在家做手术，但家里太暗了，爱迪生就把所有的蜡烛都点上，然后把衣柜的大镜子拽下来用来反光，房间里顿时亮如白昼，最终妈妈的手术很成功。这个故事在爱迪生传记里并没有记载，只是在一个美国电影里有这个桥段。而且据记载，现代急性阑尾炎手术始于19世纪80年代，那时候爱迪生已经是个需要"保温杯泡枸杞"的中年人了。

小学时还学过达·芬奇画鸡蛋的故事，故事里说他非常能坚持。但这个故事的真实性也有待研究，画鸡蛋的故事很可能是根据他的"蛋彩画"虚构出来的。据说，达·芬奇有"拖延症"，经常半途而废，画《最后的晚餐》的时候，修道院负责人总催他，他就把负责人画成了画里的反派。这么强硬地面对催稿，可能达·芬奇都忘了自己只是乙方。很多人听了这个故事觉得特别解气，再遇到甲方催项目，就说："催什么催，再催把你的脸也设计成反派！"——然后就被解聘了。

这类名人故事还有很多，比如华盛顿砍樱桃树、阿基米德洗澡、爱因斯坦制作小板凳、李白铁杵磨成针。对于铁杵磨成针这个故事，有人疑惑：磨完之后，下次需要用铁杵的时候怎么办呢？再把磨掉的"铁粉"粘回来吗？不能把铁杵卖了买根针吗？其实这类故事即便是有明确记载，一般也就是当事人自己说的，往往缺少见证人，真实性值得怀疑。

不过很多故事无非是用名人的名字编一些趣闻或者寓言故事，不用太较真。中国古代也有很多寓言故事、成语故事，特别是春秋战国时期，似乎有很多人喜欢互相讽刺、编故事玩，像什么郑人买履、杞人忧天、买椟还珠、刻舟求剑……这些都让人觉得：某某国的人咋这么笨呢？

科学家的故事其实也是一样，虽然可能不是事实，但宣传了优秀品质、讲述了人生哲理，也能提升大家对读书的兴趣、增加生活的乐趣，总体来说，还是有挺大的积极意义的。但是故事毕竟是故事，主要听个乐，不必太当真，更别去模仿：如果富兰克林在雷雨天放风筝的故事是真的，他可能早就成为电学领域的"电击人"了。

偷肾的恐慌

很多朋友或许看过网上有关偷肾的传闻：某人醒来，发现自己在酒店，躺在盛满冰的浴缸里，腰很疼，一摸还有伤口，去医院一检查，发现肾被人偷走卖了，倒不是卖给烧烤摊，是卖给需要做肾脏移植手术的人。有的版本还增加了一些细节：说"偷肾贼"给受害者留了两万块钱，也有的说留了一张纸条。

不少人听到这种传闻之后很恐慌，觉得对自己的肾脏要"且用且珍惜"，没准儿哪天在大街上突然就被人迷晕摘肾，这就白吃那么多"肾宝"了,都变成给别人吃的了。

像这种看过很多次、一次比一次情节更丰满的传闻,通常都是谣言,而且可以看出在传播过程中还在不断进行故事的"打磨"。还留张纸条?可能编造谣言的人玩过密室逃脱。

大家也都知道,肾移植不是像换电池一样随便拿个肾过来安装上就可以,要这么简单,就直接去店里拿个羊腰子呗。合适的肾源并不好找,想要进行肾移植的病人在移植之前需要先进行体检,寻找合适的配型,而且"配型不是你想配,想配就能配",有时候要

很久很久才能等来合适的配型。假如从大街上随便薅个人过来，没准这人的肾还不如等着被移植的人的肾呢，到底谁给谁移植啊？再说不配型就把肾取了，卖给谁呀？肾脏取出来之后需要在很短时间之内就移植过去，否则就会缺血坏死，不能说我现取现卖："新鲜肾脏，有需要的吗？"如果没有合适的买主，肾脏能先放冰箱里冻上吗？留着做爆炒腰花？犯罪分子挣不到钱还白搭手术费，肯定不会这么干。

再说肾移植手术过程，就算是"黑窝点"，也得有齐全的配套医疗设备，至少得像个"地下医院"吧？总不能像屠宰场或者饭店后厨似的，被移植的人家也不同意啊，所以再怎么说也得是一个正常点的手术室。头回听说做过手术之后，把人放浴缸里，还给冰镇上，怎么，打算旁边再弄点芥末酱油，做个刺身？

其实偷肾的这个故事从20世纪八九十年代就开始流传，据说最早源于美国一个被退稿的剧本。你会发现有不少谣言都是被退稿的故事或者剧本，因为不退稿的故事也不会免费让你看。近些年大概是因为有很多卖肾的新闻，让人觉得既然有卖肾的可能就有偷肾的，就觉得偷肾的故事好像特别真实，谣言就伪装成了新闻来流传。

实际上"偷肾"不太可能发生，但卖肾的人确实是有。前几年苹果手机还被称为"肾机"，是因为有些人为了买苹果手机把肾卖了。怎么卖肾的人就那么爱买手机呢？因为买房的话，卖肾的钱也不够啊。实际上很多人是为了虚荣，想炫耀自己有高端手机，但是你想想，等过两年手机过时了怎么办？电子产品更新换代都这么快，照这么卖，五脏六腑够用几年？不过倒是没有卖心肝脾肺的，毕竟自己也没有富裕的，但肾有两个，是不是可以匀别人一个？那眼睛还有俩呢，能说有两个的东西就可以去掉一个吗？很多人连脱发都要去植发。当然，也不要卖了肾去植发。

脱发广告经常宣传"上午植发，下午上班"，不过倒是没有广告说"上午卖肾，下午上班"的，因为卖肾的人都是为了不上班，一看这广告语，居然还得上班？果断自我劝退。其实很多犯罪分子也是利用这种想不劳而获的心理，忽悠人卖肾。但肾被摘掉一个之后，体力、免疫力等都会下降，特别是年龄大了以后这些弊端会更明显，难道到年老的时候后悔了，再把肾要回来或者花高价移植过来一个别人的肾？有人想，正好啊，我现在缺钱先把肾卖了，将来发了财再赎回来。你以为医院是当铺呢？缺钱的时候把肾当了，等想赎回来的时候发现当铺改烧烤摊了。

之前被公安机关端掉的肾脏买卖黑窝点里面，还有很多等待被配型的卖主，这更说明了配型没有那么容易，想主动卖肾的人都不是说卖就卖，更不用说大街上随便找个人挖肾了，除非是早就被人"偷偷体检"，配型配好了。所以体检和住院都要去正规医院，面对"免费体检"更要慎重，毕竟体检有价肾无价；更不能去卖自己身体的其他部分，除了理发剃下来的头发——但往往理发却是你给别人钱。

"你看，我有最新款的手机！"

"这算啥，我有俩肾！"

漩涡：我也找不着北

坊间一直流传着一个说法：浴缸、马桶排水的时候，南半球和北半球的水流下去时漩涡的旋转方向是不同的，南半球是顺时针，北半球是逆时针。在电影《金蝉脱壳》里面也有类似的情节，通过马桶冲水时的漩涡方向来判断自己是被困在了南半球还是北半球，真可谓"小马桶，大智慧"。

坊间还流传着这个现象背后的故事：科学家科里奥利每次洗澡之后会观察浴缸里的水，等水面平静之后用线慢慢把浴缸的塞子取出来，他发现水流下去的过程中慢慢会旋转起来，而且每次都是逆时针。后来他经过研究，发现水流下去的时候受到一个能让它旋转的力，这个力就被称为"科里奥利力"——这名字感觉可以编个绕口令，叫"科里奥利力与奥地利的奥利奥"。

还有另一个故事：科学家卡皮罗每次做实验之后把污水倒入水槽，发现漩涡总按固定的方向旋转。他做了很多不同形状的漏水口，也去了世界各地做实验，发现在北半球，水的漩涡是逆时针方向，而在南半球是顺时针方向，在赤道附近两种情况出现的概率几乎相

同,后来这种现象就被称为"卡皮罗现象"。

不过现在不少人分不清顺时针和逆时针,看一下表?又发现自己用的是数字电子表。

故事听着挺励志的,善于观察生活、有科学精神,然而往往"童话里都是骗人的",而且你会发现很多故事都特别喜欢让科学家洗澡,说得就好像科学家洗澡的时候旁边都有个助理做实验记录一样。

陈辰有一次去上海出差,早上起来迷迷糊糊地洗脸,突然发现排水的时候漩涡是顺时针旋转。他吓坏了,瞬间清醒,心想自己是不是被人拐到南半球了?他赶快摸了摸自己的肾,好像没有刀口。又想:"会不会把我拐到太平洋岛国了?非要让我娶公主咋办?听说有的岛国以胖为美啊,像我这样的身材在当地就是'偶像练习生'啊!"——这个担心多余了,就算以胖为美,估计也不是以虚胖为美。

其实已经有不止一个电视节目做过这类实验来辟谣了:让身处南半球和身处北半球的人分别给浴缸或水池"放水",发现其实南半球排水的漩涡也可以是逆时针方向,而北半球也可以是顺时针方向,并且同一个下水道可能第一次漩涡是顺时针方向,而第二次就是逆时针方向,怎么转基本"随缘"。还有人专门设计实验,尽量排除下水道形状和零部件的影响,并且让水尽可能平静,几乎没有别的影响因素,这回我看你到底往哪儿转!结果发现水垂直下去了没转。

不过确实,地球上的流水是会受到科里奥利力的影响,因为地球在自转,如果以自转的物体为参照物,流动的水就好像受到一个力一样,会发生偏斜。所以地球上的河水,如果没有河岸挡着,还没准真就让地球给"转跑了",当然了山不会被转跑,有点"山不转水转"的意思。很多大气现象,像龙卷风、季风、气旋,都会受到科里奥利力的作用，在北半球通常会逆时针旋转，南半球通常会顺时针旋转，这种大的尺度下通常科里奥利力的作用表现得比较明显。一般也不会有顺时针的龙卷风把逆时针的龙卷风给卷走，否则就真成"内卷"了。

但是由于浴缸太小，受到的科里奥利力作用微乎其微，排水的时候受很多因素影响，比如下水道的形状和深浅、初始水流的随机性、拔塞子的力道和手法等，基本上可以认为其不受科里奥利力的影响，排水的旋转方向和南北半球没什么关系。不过这个结论不是绝对的，也有例外，比如你家安装了一个太平洋那么大的脸盆。

一张图看穿你的性格?

关于性格的话题一直有很多人感兴趣,有人说"性格决定命运",有人说"命运决定性格"。网上也流传着很多"看图测性格"的方法:根据你从图中看到了什么,来分析你的性格。这种分析方法让人觉得这不是图而是照妖镜啊!以后相亲的时候,是不是见面时可以先拿出一张图给对方看:

"来,说说你看到了什么?"

"我看到了一个老奶奶。"

"对不起,我们不合……哦,抱歉拿错了,这是我前任的照片。"

这类测试有的可能确实有一些科学依据,但也有很多不靠谱。比如,网上一直流传着这样一种测试:让你看一张图,然后说,如果你感觉图里面的东西在转,就说明你"压力山大"。而且还说,你感觉转得越快,说明压力就越大,心理承受能力越弱;转得越慢,压力就越小,你的心理承受能力也越强。

有人看了这种测试图之后会感到疑惑：我最近好像也没什么压力啊，为什么看到的图也旋转？难道我的压力是源于焦虑"自己竟然没有压力"？

其实这类图，绝大多数人看了之后都会觉得图在转，有的人看了这种图还会眩晕，甚至有人看了这个测试图之后还留下了心理阴影，说："我怎么看很多别的图也都感觉它们在动呢？"后来发现，那些别的图真的是 GIF 动图。

不过网上流传的这类测试图并不是动图，确实是静态的图，因为即使你是看纸质版的测试图，也会感觉它们在转动。如果你买一本测试图集的话，可能都会怀疑自己买回来的是一本视频集。

实际上觉得图是否旋转和是否有压力没什么关系，这是由于神经元对不同的对比度刺激做出的反应有差别，出现了"周边漂移错觉"的视觉假象。测试图案中颜色、对比度的阶梯式交替变化，更能加重这种"图在转动"的错觉。特别著名的错视图有日本设计师北冈明佳设计的"旋蛇"，看起来就特别"旋"，这类图，绝大部分人看了都会产生旋转的错觉。有些人把这个解读为压力大，其实是为了卖给你一些减压产品，比如减压的音乐和书。你买了之后发现钱没了，压力更大了。

还有一类所谓的"心理测试图",说是俄罗斯军队用来发现新兵隐藏的心理问题的测试:给你几张全是小圆点的图,号称每张图里都隐藏着数字。这些图看起来有点像体检用的色盲检测图,不同的是,测试里说,如果你看不见里面的数字,就说明性格或能力上有一定缺陷。比如看不见第一张图里的数字说明你有"暴力倾向",看不见第二张图的数字说明你"智力较低"……我觉得如果相信这个测试倒是会显得"智力较低"。这些图为什么看起来像色盲检测图?因为它们本来就是色盲检测图。看不见数字只能说明你是色盲或者色弱,其中还有些图连色盲检测图都不是,里面也根本就没有数字,本来就应该是什么都看不见的。

这多亏是让你看图,要是让你看人的话,本来没人,非要问你:"你能看见电梯里有个人吗?"那这就不是性格测试了,是胆量测试。看图测试没有那么神奇,看个图还能查出病来?除非是眼睛疾病。这种通过"能看见"或者"看不见"来测试性格和智力的方式,本来就不靠谱,上一个这么做的还是《皇帝的新装》:你能看见皇帝的新衣服吗?看不见就说明你是笨蛋。于是大家都觉得皇帝的新装好看，毕竟谁都不想承认自己是笨蛋。

除了看图之外，还有通过星座或者属相来分析性格的说法。我有一次看到各种星座的性格特点介绍，找到我的星座一看，感觉说得简直太对了，我自己就是这样！仔细一看发现我看串行了，上面那一段才是介绍白羊座。所以如果只给你12个星座的性格描述，让你选哪个是属于你的，估计很多人都会患上"选择恐惧症"，感觉自己像是每个月都出生了一次。再说，人类一共就十二种性格吗？要是星座这么准，入职还用心理测试？你见过哪个保洁公司招聘员工只招处女座的？所以这种性格分析只是一种游戏，开心就好。当然，它一般都会让你开心，要不然你怎么可能转发呢？

手机：这些只是传说

现代社会如果没有手机会怎么样？没有手机你都不知道老板开会的时候你该玩点啥。有了手机能玩很多游戏，"'吃鸡''王者'消消乐，第五人格贪吃蛇，阴阳师，斗地主，还有江南百景图。"当然手机带给我们的便利不只是游戏，"没有手机就没有双十一"，有了手机，双十一剁手都不怕，用舌头都能网购。

关于手机的使用有很多经典的谣言，比如困在山谷里手机没信号的时候，你可以拨打紧急求助热线112，就可以连接到卫星通话。这个愿望确实挺美好，但我们日常用的手机只能和地面手机基站连接通信，如果附近没有基站，就没办法打电话，并不能连接卫星。很多探险队、科考队都会带着卫星电话，这是一种专用设备。要是手机能直接和卫星对话，还要卫星电话干吗？所以在没有基站的地方就不用尝试和卫星互动了，也不要去给紧急求助热线112发个"在吗"。

不过有时候手机虽然没信号，也能打紧急电话，因为这可能只是运营商没有信号，比如你用中国电信的服务，这时候没有中国电信的信号，但可能有中国移动的信号，而紧急电话不受运营商的限制。但如果没有任何运营商信号，附近也没有任何基站，那再紧急也打不了电话。不是手机主观不努力，是它的硬件不具备这个能力，就好像如果让我去世界杯踢球，我也想夺冠，但我这身材条件，别说踢球了，当球人家都不要，嫌太沉。

还有说法称手机只剩一格电的时候辐射是平时的1000倍。实际上电量和辐射并没有直接关系，是有人混淆了"一格电"和"一格信号"：手机信号弱的时候确实辐射功率会比信号正常的时候大很多，可能达到1000倍。不过也不用担心，就算达到1000倍，也远小于对人体有害的剂量，不过手机有可能会发热。信号弱的时候基站会告诉手机"你信号不行啊"，手机一听，表示我得使劲发射信号呀，要不绩效没了，这一使劲"哇呀呀呀呀呀呀"，再一摸这手机就"烫烫烫烫烫烫烫"。其实程序员比手机更怕"烫"——这个梗估计只有程序员才懂。

还有人说，在加油站使用手机会导致着火爆炸。有学者从理论上推测，手机打电话产生电火花有可能引燃油气混合物，但这需要很极端的条件。有人说，我这是"热线电话"呀，每天都会被"打爆"，会不会周围的汽油也跟着爆了？实验表明：不会，除非你把手机摔爆了，摔出火花。加油站如果要求不准打电话，或许是怕万一有人用的手机是不合格产品，打电话时手机过热锂电池自燃引起爆炸；也或许是为了让你专心加油付款，否则你在那悠闲地打电话，加油站不会爆炸，后面排队的人可能得气爆炸了。

关于手机还有一个让人很害怕的谣言，说别人只需要知道你的手机号就能复制你的SIM卡，然后窃听你的通话，并且还能冒充你打电话。如果是真的，这也太危险了，因为我们每个人的手机号都被大量的人知道，说不定真的会有人通过这种操作听一听自己老公的通话或者别人老公的通话。

实际上手机SIM卡是不包括电话号码的，入网的时候运营商进行了登记，SIM卡和手机号才有对应关系，所以只有手机号根本无法复制SIM卡。另外即使别人拿到了你的SIM卡，想复制也很难，里面有很多"加密工序"，破解难度极大。即使复制了，也无法监听你的通话。因为同一时刻只能有一个卡保持通信状态，他如果通了，你这边就断了，窃听是不可能的。谍战片里确实有技术能监听通话，但也不需要复制SIM卡，而是需要调用很多高端技术或者资源。怕被监听？至少我还不配。

复制 SIM 卡几乎不可能，只用手机号就复制出 SIM 卡更不可能。生活中应该也没听说谁给亲人朋友打过去电话是别人接听的，除非手机在别人那里。所以如果给男朋友打电话发现是个女生接的，之后他要是告诉你"这肯定是我的手机号码被人复制了"，你就会心一笑地推荐他看一下这篇文章。

02

"健康理论"

不健康

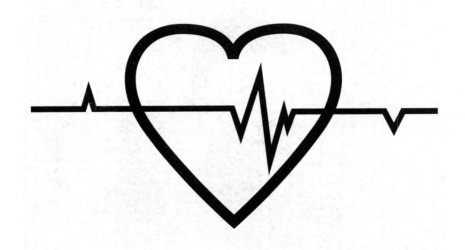

错误养生堂

记得前些年有新闻报道说，有人为了养生，往静脉里注射鲜榨果汁。她可能以为缺啥都能从静脉往身体里补充。这种想法非常危险，这次是注射果汁，没准下次就把大米饭也塞进静脉里呢，那要是觉得自己需要补充点粗粮，再来点苞米面、大碴粥？注射点可乐就能"元气满满"吗？再过几天觉得缺氧就再注射点空气？那就基本上"必死无疑"了，因为实验室中杀兔子就是这么杀的，所以千万不能什么都注射，这是非常危险的行为。如果是在电视台录节目,我讲到这段都会要求节目组加上字幕:"节目内容,请勿模仿。"就怕有人看了好奇:咦?注射果汁?我得试试。您可千万别试!

新闻的主人公结果怎么样呢?当然是被送到医院抢救了。可能有人会问了,果汁能喝,为啥就不能注射呢?因为我们吃掉的东西,是消化系统把有用物质拆解成小分子吸收,剩下的"废料"通过大小便排出,但你这直接注射,就等于把本来要排出去的"废料"也都注射到血液里面了。食物里面有残渣有细菌,这些残渣和细菌"活在我身上所有角落""流在血液中来回滚动"① 啊!您说这还好得了吗?

---
① 编著注:歌曲《会呼吸的痛》歌词。

这种不恰当的养生无异于"作死",生活中还有很多养生方式虽然算不上"作死",但也存在着误区。

陈辰的妈妈特别喜欢让他吃肉皮,说吃了肉皮补充胶原蛋白,可以美容。陈辰说:"虽然说我是靠脸吃饭的青春偶像型科学家,但是吃肉皮补充不了胶原蛋白,因为不管吃什么蛋白,都是以氨基酸形式吸收。实际上吃肉皮或许有那么一点点的美容效果,那也是因为肉皮脂肪比较多,吃了以后自己皮下脂肪也多了,皮肤弹性才变好的。"这回他妈妈倒是听进去了,从此就不让他吃肉皮了,让他直接吃肥肉。当然陈辰确实皮肤挺好,但身材就……

陈辰的妈妈还经常让他吃绿豆,说吃绿豆治百病,而且她还给陈辰计算好了,第一周每天吃7粒,第二周每天吃6粒,依次递减,一共吃七七四十九天。陈辰特别无语,和他妈妈说:"咱吃的这是绿豆还是仙丹啊?就算是仙丹,也没有按等差数列吃的呀。不过你既然说吃绿豆治百病,那我就试试,我天天吃绿豆,看看能不能把我的近视眼治好。"他妈妈想了想,说:"那还是算了,万一你再吃成'绿豆眼',还不如近视呢。"

还有人说"运动治百病",是吗?脚崴了运动就治不好。当然,如果想身体好,通常来说多运动确实很有好处,但是凡事不能过于绝对,所以听到"治百病"这样的说法的时候,就要小心了。就像都说"'包'治百病",确实,给女朋友买包或许能够治愈她,于是有人就给女朋友买了个书包……其实和买包相比,给女朋友买个房或许更治愈。

疫苗可靠吗?

2020年新冠疫情在全球很多国家暴发,预防感染的有效手段之一就是接种疫苗。有的人打过疫苗之后感觉像打过鸡血一样,特别激动,到处炫耀;也有人觉得打疫苗有个很大的副作用,就是疼,一看到针就感觉"明晃晃夺人二目,冷森森要人胆寒"。不只是新冠,像流感、乙肝等也都有相关疫苗。

但有人会担心,说"打疫苗会破坏免疫系统"。或许他们是觉得,本来你是靠自己的免疫力抵御病毒,打了疫苗之后,疫苗帮你免疫了，自己的免疫系统得不到锻炼，不就变弱了吗？就像老师常说的："这次别人帮你免疫了，下次你不是还不会吗？"

实际上这种想法正好反了，疫苗就是让免疫系统先进行"锻炼"。打疫苗相当于让免疫系统进行一次演习，来激活免疫系统。因为疫苗并不是杀死病毒的药，而是灭活病毒，相当于先拿来少量的"死病毒"给免疫系统看，告诉免疫系统："记住了哈，这种病毒长这样！"免疫系统就会安排一波大军专项打击这种病毒，等下次真正的"活"病毒进来，免疫系统一看："又是这小子！削它！"人体就能迅速抵抗病毒。

当然，任何疫苗的有效性都不是百分之百，毕竟人体极其复杂，有很多问题还没研究清楚。可能有的人的免疫系统是个"脸盲"，病毒的样子没太记住，白打了，就像上学时常常发生的对话：

"这题我不是考试前一天刚讲过吗？"

"啊？是吗？"

也有人担心，万一"演习"的时候弄假成真怎么办？本来没病，这一打疫苗，反倒感染了呢？实际上如果打的是灭活病毒疫苗的话，这些病毒本身就是死的，不具备感染能力，相当于战争中让你看敌人的尸体来记住他们的体貌特征。

"那会不会病毒打进我身体之后又活了？"

"那你可厉害了，你这身体还有起死回生的功能，是不是吃一块还能长生不老？"

如果注射进来的不是"死病毒"，是其他类型的疫苗，原理也大同小异，安全性一般也是比较高的，但任何疫苗的安全性都不是百分之百，也不可能完全没有副作用，不过通常副作用都比较轻微。抽烟、喝酒、烫头也有副作用，相比之下疫苗的副作用或许算小的了——可能比烫头大一点，毕竟烫头不疼。

如果说得极端一些，打疫苗之后，有的人的免疫系统也不是没有可能会"认错人"，把人体某些细胞上的某些结构当作敌人，自己攻击自己，导致人体原来正常的功能受损，但这种情况发生的概率极小。而如果非要往另一个极端说，打疫苗之后，身体内的癌细

胞还可能突然就被免疫系统识别出来了，反而治好了癌症；或者本来有某些自己没发现的疾病，打了疫苗之后神奇地痊愈了，这也不是完全没有可能，就是听起来有点像电线杆子上"疑难杂症一针就灵"的广告。

另外，有些疫苗可能会带来"抗体依赖性增强"等问题，确实也还有不少问题有待研究。总而言之，人体的免疫本身是一个非常复杂的过程，很多问题目前还都没有研究得特别透彻，不过整体来说，疫苗都要经过大量的实验来验证其安全性，所以综合衡量收益和风险及一些其他因素，如果身体状况正常，打疫苗还是利大于弊——如果非要考虑极端情况，人生的每时每刻都有生命危险，比如去听脱口秀，就有可能尴尬死。

"酸碱体质"骗局

我们之前经常听到一种说法,就是说"碱性体质"对健康有影响,应该让自己的体液都是碱性的,如果你是酸性体质就危险了,会更容易生病。

听了这个理论之后,陈辰有个来自山西的同学就不淡定了,从那以后去食堂吃面都不敢放醋了,还琢磨着是不是能放点氢氧化钾溶液啥的让自己的体质更偏碱性……他毕业的时候还特别想去西部有盐碱地的地区挂职两年。还有些人听到这个说法之后,柠檬、橙子、葡萄都不敢吃了,怕把自己吃"酸"了。

这个理论对陈辰的坑害也特别大,因为当时陈辰的妈妈看了之后,就不让他吃肉了,说吃肉会让人的体质变为酸性。她还说:"你要非想吃肉也行,我这有刚买的'碱发虾仁',还有'碱发海参'。"

有一次陈辰的妈妈蒸馒头时碱放多了,她还说碱多有利于身体健康,陈辰一看馒头问:"妈,您蒸的这是馒头还是脏脏包啊?这碱也太多了吧,蒸出来跟巧克力似的。"

实际上这个理论特别荒谬,我们只要是正常的活人,血液都是弱碱性的。如果有谁的血液是酸性的,那就不是亚健康的问题了,而是酸中毒,早就生命垂危了。而且酸中毒也不是吃醋、吃柠檬导致的,一般是代谢异常导致的。正常人不管吃多少柠檬都不会把血液吃成酸性。

这个理论的一些支持者往往会先告诉你血液是碱性的,再让你测一下唾液的酸碱性,当你发现唾液是酸性的时候,他们就和你说你的身体有问题。但实际上这里明显就是偷换概念,正常人的血液是碱性,不等于所有体液都是碱性,唾液是酸性本身就是正常的。

人的体液有很多种,不同的体液酸碱度是不一样的,比如胃液是酸性的,而且胃液要是酸的程度不够,可能还会导致生病呢,就算你吃的馒头碱再多,也不会吃两口就变成"碱性胃液"了。之前还有酸碱体质理论的支持者说:"你看,生病了的病人身体都是酸性的,不信你检查他们的呕吐物,都是酸性的。"这不废话吗?只要是活人呕吐出来的东西都包括胃酸,肯定是酸性的,只不过健康的人,人家不呕吐。

后来这个酸碱体质理论还说,"酸碱"指的不是食物本身的酸碱,指的是你吃进去的东西代谢产物会影响你体液的酸碱性,比如肉的代谢产物是酸性的,就会让你变"酸"。这个说法也很荒谬,人体具有很强大的自我调节能力,各种体液都保持在一个相对稳定的酸碱状态,食物的代谢产物也没那么容易打破这种平衡,更不会说因为代谢产生了一些乳酸,人体的所有体液都变酸了,所以也不用担心自己会在"酸性人"和"碱性人"之间来回切换。

现在很多人都知道了,酸碱体质理论的提出者其实是美国的一个骗子,提出这个理论就是想骗点钱花。前几年这个骗局已经被揭穿了,他也受到了法律的制裁,被罚款1亿多美元。陈辰把这条新闻给他妈妈看,说:"你看,让你相信谣言,浪费了多少钱买那么多碱啊!"但他妈妈不以为然,还偷着笑:"虽然我花了不少钱去买碱,但是我也省了更多买肉的钱啊。"

对癌症的认识误区

可能大多数人都会感觉到,现如今癌症的发病率好像越来越高了。经常有人吐槽说现代生活方式不健康、工作压力大,说这就是现代人容易得癌症的原因。有的人还说,你看现在的工作强度大到什么程度:公司其实不是给每个人配了一台电脑,而是给每个电脑配了一个人,然后又给每个人配了个"轮椅",甚至调侃说,某些互联网公司的员工在和公司签合同的时候是不是应该顺便把遗嘱也给签了?

所以不少人就说:你看古代工作压力小,也没有那么多污染,所以古人不怎么得癌症。真的吗？古代好像也没这么多检查手段，即使得了癌症也不容易检查出来呀！另外，压力大、熬夜确实会增加患癌的风险，但其实影响癌症发病率更主要的因素是什么？是年龄！年龄越大，就越容易得癌症。古代常说"人生七十古来稀"，现在呢？北京市的平均期望寿命是八十多岁。所以不是古代人不容易得癌症，而是他们还没来得及得癌症就先因为其他疾病去世了。大家想想，在古代有的人要是生下来没两天就夭折了，别说得癌症了，连百日咳可能都没机会得……

现在大多数人对癌症还是比较恐惧的,这种恐惧主要是因为大家觉得癌症、白血病都是不治之症,患上之后必死无疑。实际上现在很多癌症的五年存活率很高。有人说为什么要以五年存活率为标准呢?活五年就满意了?那要是以一百年存活率为标准的话,可能大多数人都必死无疑了……五年存活率其实是研究中比较科学的一个衡量标准,像白血病的五年存活率现在超过了70%,白血病里有的亚型五年存活率甚至超过了90%,把白血病变成了一种类似高血压、糖尿病的慢性病,通过长期服药来稳定病情。

那为什么还有很多人会觉得得了癌症、白血病就必死无疑呢?很重要的一个原因,就是韩剧可能看得太多了。韩剧的主人公除了车祸死亡外,好像基本上都是得癌症或者白血病死的。其实这也挺难为这些编剧的,因为主人公一般都是偶像型的年轻人,要是情节需要让他死,你说这剧本怎么编呢?让他年纪轻轻得个脑出血、冠心病?好像大家会觉得不可信,那就只能要么意外,要么得癌。不过韩剧里的那些人,总吃韩式烧烤,总吃泡菜,得癌倒也符合逻辑……

02 "健康理论"不健康

对于癌症,还有些人持有错误的观念,说癌症患者可以通过饿把癌细胞都"饿死"。但很可惜,使用这种方法的人一般都没熬过癌细胞,自己可能就先饿死了。就像感冒了,能不能把病毒饿死?感染了,能不能把细菌饿死?想饿死它们,得先搞清楚谁更怕饿。其实癌症患者的营养支持是非常重要的,所以面对癌症,相信医生、相信科学才是最好的出路。当然,更好的出路是保持健康生活习惯,少吃烧烤和腌制食品,另外还有很重要的一点,就是别再熬夜看韩剧了。

坐月子科学吗？

大家都知道我们中国人有很多传统习俗，其中有一个传统习俗叫"坐月子"。曾经有朋友问我，生完孩子要不要坐月子？我说我也不太清楚，因为我暂时还没坐过。然后我问他到底什么是坐月子？他说，大概意思就是在屋里待一个月，然后不洗澡也不洗头。我说，学术上我们把这种情况叫作"做项目"。

其实坐月子指的是孕妇产后用一个月左右的时间来进行休养，有时候也叫"捂月子"，因为其中的"精髓"在于捂：通常会要求生育后的女性在密不透风的房间休息一个月,不能外出,还要盖上厚被子,开空调吃冷饮就更别想了。很多人听了这些要求之后难免纳闷:这到底是"捂月子"还是"捂痱子"呀?至于"捂月子"的原因,长辈说如果不捂着,产妇会受凉生病,并且要求女性不能洗头洗澡,甚至不能刷牙……这是想把病魔给熏走是吗?可不讲卫生反倒更容易生病。

但是这些要求你要是胆敢不听,可能就会有长辈说"等你以后生病了后悔去吧",于是后半辈子的所有疾病,无论是什么病,都可能会被长辈联系到以前不好好坐月子上,每次生病不仅要忍受病

痛,还要面对"叫你当年不听话"的指责,甚至还会被邻居当成反面教材:

"你看,隔壁老李他妈,当年就不听劝,不好好坐月子,最后得病了吧,前两天死了!"

"啊?死了?她今年多大呀?"

"105。"

也就是说,如果你没有信心能长生不老的话,可能就也没有勇气不听长辈的话。

另外坐月子的饮食有时候也比较吓人,很多人都说坐月子只能吃鸡蛋小米粥,鸡蛋与小米确实有营养,但是也不能太过。陈辰家有个亲戚,坐月子的时候一天吃几十个鸡蛋,后来家里的鸡都不干了,差点离家出走。估计这鸡心里想:我这天天紧赶着下蛋也供不上啊,你是生完孩子了,但我们家快被你吃得断子绝孙了。

其实之所以有"捂月子"的传统,是因为以往条件艰苦,特别是东北,别说是冬天或者春秋,就是夏天的晚上健康的人都是有可能着凉的。很多时候冬天室内供暖不佳,睡觉都冻脸,大家被"冻怕了",所以北方的"捂"文化比较浓厚。另外女性生完孩子之后体质弱,出门接触的人太多容易被传染感冒之类的疾病,所以很多人就更加支持"不出屋"的所谓"健康经验总结"。但现在条件好了,可以有各种科技手段让房间保持舒适的温度,调高温度洗头、洗澡也可以不着凉,所以现在只要抓住关键注意事项,并不需要按照以往的经验"坐月子"。

古代西方其实也坐月子,但随着微生物学的发展,他们也已经抛弃了这个习惯。当然,还有人说坐月子其实是一种仪式,要当母亲了,得进行一些心理建设。确实有道理,不过我觉得,这样的话,父亲可能也需要坐个月子。

坐月子需要仪式感。

运动健身的误区

俗话说:"饭后百步走,活到九十九。"大多数人提倡吃过饭之后散散步,但近些年来有传言说,刚吃过饭不能马上走路散步,因为饭后血液需要流到胃里帮助消化,如果运动,血液就会主要供给骨骼肌肉,留给胃的血液就不多了,容易造成消化不良,所以应该吃过饭半小时之后再运动。

听起来似乎挺有道理,但如果真是这样,那吃过饭之后这半小时应该干啥呢?先睡一觉,还是继续坐在餐桌前等着,不能动?要是忍不住又吃了两口,是不是这半小时还得重新计算了?而且,消化一顿饭通常要4个小时以上,如果这个说法是真的,也应该是吃过饭4个小时之内不运动——然后就该吃下一顿了,为自己的不运动找了个"科学"的借口。再说,如果是去食堂吃饭,吃过之后也没有人把你抬回宿舍,还是得自己走回去。

另外,饭后不运动,啥时候运动?早上锻炼起不来,白天上班没时间,晚上还得去应酬,饭后又不敢走动,唯一的运动就只有睡觉时"打把势"了。

我每天都在梦中运动。

实际上目前并没有证据表明饭后运动会导致消化不良，吃过饭之后散步、走路是不用担心的。但饭后不要马上进行剧烈运动，比如，刚吃完一顿自助餐，然后去玩蹦极，虽然自己不用怎么动，但饭容易被颠出来。而且如果吃的是人均400元的自助餐的话，可能半小时之后还是挺撑的，或许得缓到晚上才能剧烈运动。

很多人运动是为了减肥，有人会采用空腹剧烈运动的方式来减，这其实是比较危险的，可能会导致低血糖发作，严重者可能丧命。不过空腹的时候散步、走路这种运动一般没有问题。有的朋友喜欢趁夜间饿的时候出去走路来减肥，但要小心，别走着走着一拐弯去了烧烤摊。其实除非是专业运动员有特殊要求，否则还是在不饱不饿的阶段运动比较好，不要在特别饿的时候剧烈运动。

也有人在运动的时候会给自己裹上保鲜膜，说是高温会出汗，能燃烧脂肪。确实，出了很多汗之后体重会变轻，但是喝完水就又涨回来了。脂肪也不是温度越高就越"燃"，所谓的"燃烧脂肪"是指消耗脂肪，直接把脂肪烧掉那叫"点天灯"。脂肪的消耗速度实际上和运动强度、对应的耗氧量有关，一般认为中低强度运动最适合消耗脂肪，而目前也没有证据证明提升温度会加快脂肪消耗，要不然早就有"烤箱减肥法"了。

另外有一些女生说不敢运动,怕腿会变得更粗。我不禁想起那个绕口令:"山前有个崔粗腿,山后有个崔腿粗。二人山前来比腿,不知是崔粗腿比崔腿粗的腿粗,还是崔腿粗比崔粗腿的腿粗。"有人说这肯定是崔腿粗腿更粗,因为"二人山前来比腿",他从山后跑到山前,腿跑得更粗了。

实际上锻炼确实会促进肌肉增长,但选择强度比较低、爆发性不强的运动（如慢跑和骑车），再做好拉伸，肌肉就没那么容易长成"大块头"了。另外由于激素的原因，女生通常相对不容易增长肌肉，所以也不用太担心。况且，女生如果练出了肌肉也不是坏事，在男朋友面前展示一下，他可能就会放下手里的游戏去好好锻炼了。

× 03

吃喝可以
大胆点

食物相克不可靠

很多朋友经常听到"食物相克"这个词,说这个和这个不能一起吃,那个和那个不能一起吃,这个和那个不能一起吃,那个和这个不能一起吃,这个这个和那个不能一起吃,那个那个和这个不能一起吃……

我之前在东方卫视《相声有新人》节目中,讲过下面这样的一段脱口秀。

有一次陈辰过年回家，吃韭菜虾仁馅的饺子，然后要喝果汁，他妈妈不让，说海鲜不能和含维生素C的水果一起吃，因为一起吃的话，维生素C会把海鲜里的五价砷还原成三价砷，会中毒！陈辰一听，自己的妈妈作为文科生，讲得这么头头是道的，肯定做了大量的文献调研啊。但是又一想，估计她这"文献调研"是在微信朋友圈做的。后来陈辰自己去研究了一下，说："妈，海鲜和果汁一起吃是能中毒，不过真想中毒，这海鲜得吃一百五十公斤。"所以其实想被毒死都困难，因为在被毒死之前很可能就先被撑死了。

"如果一定要找出'相克'的食物,那榴莲和芥末不能一起吃,因为这两种食物一起吃会恶心(你想想这得是什么味儿)。"陈辰又和他妈妈说,"韭菜和大蒜也不能一起吃,会导致不孕不育,你看,吃了韭菜和大蒜之后人家女生都不敢靠近,还怎么孕育?"

当时这段脱口秀在网络上广泛流传,因为"食物相克"的各种谣言确实深入人心。有的书上还总结出几百对相克食物,甚至说有很多东西不能和鸡蛋一起吃——就差说很多东西不能和大米饭一起吃了,否则每顿就得干吃饭了。特别是海鲜和维生素C不能一起吃这个说法,不仅韩剧里有这个情节,在二三十年前的报纸都有相关"新闻报道",说某地的一位女士因为同时吃海鲜和维生素C中毒死亡,说得还有名有姓、头头是道,当时年少无知的我也被吓得够呛,导致我们家省了不少买海鲜的钱。

还有人说海鲜和水果都不能一起吃,因为水果里面都含有维生素C。要真是这样,古代就不用投毒了:

"来,大郎,奴家今天给大郎做了海鲜吃。"

"大郎,再吃个郓哥送来的脆梨吧!"

其实生活中并没有那么多食物相克,我们正常吃饭一般都没问题。有些食物之间即使能发生化学反应,剂量通常也不足以中毒。我们不能抛开剂量谈毒性,水喝多了都能中毒,但能说水是一种毒药吗?

不过,对于吃的东西来说,也确实真的有相克。

我在东方卫视讲的段子还有后续:陈辰的爸爸平时比较爱喝药酒。大家知道,泡药酒的材料有很多,有的人用蝎子泡药酒,有的人用蛇泡药酒,听说还有人用电池泡药酒,他可能以为这样能补充电解质,就差把充电宝放酒缸里了。但陈辰他爸和他们不一样,陈辰他爸不用乱七八糟的材料泡药酒,是真拿药泡,拿头孢泡药酒。但是很多朋友都知道,头孢和酒不能一起吃,一起吃会产生双硫仑样反应,特别危险。他爸还不信,说:"俗话说得好,'头孢就酒,越吃越有'。"陈辰说:"爸,那叫'头孢就酒,说走就走'"。后来陈辰劝他爸别总喝酒了,"喝了酒,万一赶上发烧感冒,头孢都不能吃,你就戒了呗"。劝了好几次,最后他爸一咬牙,就把头孢给戒了。

药物一般都经过加工提纯,小小药片可能剂量并不小,所以如果正在服药，哪些食物不能吃，就要遵医嘱了，如果不遵医嘱，弄不好家人就要遵遗嘱了。

喝水可以更自由

我们现在喝水越来越讲究了,比如有的人只喝温水,不喝凉水;有的人买来矿泉水、纯净水也都要烧开了喝,喝水的杯子里不能沾有一点生水,甚至吃西瓜都想煮一煮再吃。

而在烧水过程中讲究的人就更多了,比如曾经有人说,水烧开之后,沸腾时间超过一分钟就不能喝了,会致癌。然后我就问他:"那你喝过汤吗?"

还有人说二次开水不能喝,因为它和长时间烧开的水一样,都会致癌。不过,据说东北人爱吃炖菜,因为天气冷,炖菜可以一直炖着,或者凉了再热一下,也跟刚出锅的一样。难道炖菜这么不健康吗?但其实再仔细想想,做什么菜不都得煎炒烹炸一会儿吗?蔬菜里都有水分,就连被推崇的健康食品"水煮白菜"也得煮一会儿吧?按这么说,以后只能吃凉菜了?然后又发现菜里的水分是生水……

之所以有"二次烧开的水不能喝""沸水超过一分钟不能喝"

的传言，是因为有的人认为，水中本来或多或少都会有一些有害物质，比如亚硝酸盐，所以烧水时间长了、次数多了，这些有害物质浓度会变高，这样的话喝一次水就喝进去不少有害物质。其实从理论上讲，反复或长时间烧水，这些物质的浓度是会升高，但实际上，浓度高又能高多少呢？烧水既不是"熬药"，也不是"收汁"，相比之下烧水的有害物质浓度的提升也太少了吧？要是真有那么大危害，古代杀人都不用毒药了，就靠烧水就行了：

"水开了怎么还不关火！你是要毒死朕吗！"

"皇上，快把他拿下！他这是在熬制亚硝酸盐汤！"

再说，现在不少家庭都安装了净水器，很多杂质、有害物质都被过滤到浓度极小的范围内了，就算你想专门熬制一碗"亚硝酸盐汤"都不太可能。所以水烧时间长了，最大的危害，可能就是费电。

有些人喝水讲究，喝茶更讲究。除了泡茶的方式、器具讲究以外，很多人还相信隔夜的茶不能喝。实际上水放太久了确实容易滋生细菌，但和是不是隔夜没有关系。但在陈辰的妈妈就一直坚持说不能喝隔夜茶。在他们家，早上泡的茶放到晚上，十几个小时，他妈妈觉得没什么问题，要是晚上泡的茶放到第二天早上，只要一隔夜，不管几个小时，她就觉得不能喝了。陈辰特别不理解，问他妈妈："怎么着，咱家这茶是有黑暗恐惧症吗？你要觉得不能喝，不喝也就算了，也用不着睡觉之前把茶水都喝干了呀！茶是不隔夜了，人开始隔夜了。"

其实古代就有隔夜茶不能喝的说法，我觉得这更多是因为古代对茶水的密封不够，比如晚上可能会有一些虫子或者小动物的排泄物进入茶水中，这些东西又不能当"猫屎咖啡"喝。既然防不住，

那干脆就"一刀切"吧，留下了"不能喝隔夜茶"的说法。现在居住在楼房，虫子没那么多，而且如果用保温杯泡个枸杞，拧上盖子之后，别说虫子了，空气都几乎进不去，杯子里只有枸杞……和中年人的忧伤。

所以不用太纠结这些关于开水和隔夜茶的问题，那有没有什么水真的不能喝呢？也有啊，香水、苦水、薪水，都不能喝。

激素农药总背锅

书籍是人类进步的阶梯,懒惰却是人类进步的动力。科技的进步和"懒"是分不开的,如今连吃也变得越来越懒:吃西瓜吐籽麻烦,于是培育出了无籽西瓜;吃了无籽西瓜,想吃无籽葡萄;吃了无籽葡萄,又想吃无籽石榴、无籽山竹、无籽榴莲、无籽菠萝蜜、无籽瓜子……无籽瓜子还是算了吧,练牙用的吗?

陈辰的一位亲戚反对吃无籽西瓜,说:"吃无籽西瓜会导致'无子',怀不上孩子!"陈辰就说:"怎么,西瓜还会'谐音梗'?"

亲戚说:"不是谐音,是因为无籽西瓜都是用避孕药培育出来的!"这位亲戚觉得,避孕药不仅能让人避孕,还能让西瓜也避孕,而且人吃了被避孕的西瓜之后也能避孕。怎么,避孕还具有传递性?可能在他看来,你不是在吃无籽水果,而是在吃各种口味的避孕药。要真这么说,不想要孩子的青年夫妻吃无籽水果还能"一举两得"呢,就连古代宫斗的画风可能都变了:"贵妃娘娘,这是刚用八百里加急送来的无籽荔枝!"

之所以诞生了无籽水果,是因为我们吃水果主要是吃果实部分,

被嫌弃的"籽"是植物的种子,所以我们就希望让植物果实很大却"没种",但这靠的并不是避孕药。

培育无籽水果有很多不同的方法,有一种方法确实是给植物人工施加一些药物,促进果实成熟而不让种子发育,这些药物通常是植物激素,而避孕药是性激素类似物。有人说这不都叫"激素"吗?河马和海马都叫"马",雪花和浪花都叫"花",流感病毒和手机病毒都叫病毒,你见过手机半夜蹦起来咳嗽、打喷嚏的吗?

对生物体起生理调节作用的物质一般都叫激素,但激素和激素之间差别可能很大,通常植物激素不会对动物起作用,动物激素也不会对植物起作用。所以人吃的避孕药并不能让植物"避孕",植物激素也难以作用于人。当然了,你也可以把培育无籽植物的激素药物称为植物的"避孕药",但不同于我们生活中说的避孕药,并没有一种药能"避掉世间所有的孕"。

吃催熟的香蕉并不会使人性早熟。人们催熟香蕉使用的是"乙烯利",它能催熟香蕉,不等于能把人催熟,要不然丰胸都不用去医院了。没有一种药能"催熟世间的一切"——除了岁月。

有人会问，这些植物激素虽然不对人起调节作用，但吃下去会不会对人有害呢？其实植物生长本身就要依靠激素，所以水果本身就自带植物激素，对人没有害。也有一些植物激素是人工合成的，比如催熟香蕉的"乙烯利"，本身属于"低毒农药"，只要不超标就对人没有危害。那万一放多了呢？放多了就催太熟了，香蕉就烂了，再说人们又不吃香蕉皮，想中毒都是很难的。其他激素（比如生长激素）也不能用得太多，要是一粒葡萄长得像西瓜那么大，谁敢买？所以吃无籽水果、催熟水果不用过于担心，而且农药也不是那么"万能"，不至于见谁毒谁。

还有一些情况会让我们误以为农产品里面浸了药物：当你发现

黑花生、黑枸杞、紫米、紫薯、桑葚掉色的时候，一般来说这是它们自带的花青素，而不是染的颜色；当你发现葡萄外面有一层白霜的时候，一般来说这是葡萄自带的天然蜡质，而不是残留的农药，因为残留农药通常是看不见的，毕竟没有卖家傻到拿着一串能看见农药的葡萄卖给你，还炫耀："你看我们家这葡萄农药多多。正宗的有公害葡萄，两块五一斤，先尝后买，毒不死不要钱！"——没有这样的。

添加剂并不可怕

夜深人静,陈辰想吃方便面,他爸非常反对,说:"方便面不健康,吃一袋方便面要两周才能消化掉。"陈辰说:"这吃的到底是方便面还是能量块啊?要真这样的话,一个月吃两袋方便面,五块钱伙食费就够了!"

陈辰他爸又说:"虽然不至于消化两周,但总之方便面是油炸的,不健康!"最终,两个人没吃方便面,去吃了烧烤……

看来,深夜吃烧烤,需要给自己找一个健康的理由。"总比吃方便面强,方便面里有添加剂!"陈辰的爸爸一边抹嘴一边说。

一直以来都有"某人吃了一年方便面得了白血病""某人吃了方便面,死后发现胃里全是蜡"的说法在流传,而方便面的发明者安藤百福,后来也是几乎每天都吃方便面,不断吃,反复吃,最终把自己吃得……享年 97 岁。

很多人对方便面的误解源于添加剂,说里面有防腐剂、抗氧化剂等,甚至说吃方便面会吃成木乃伊。木乃伊就这么好制作吗?古埃及就是个泡面文明?是不是还能吃成"金刚不坏之身"?

其实很多食品里都有添加剂,比如雪糕里面也有很多种添加剂。有些添加剂是为了使口感变好,有些是抑制细菌的防腐剂。添加剂只要符合标准,对人的身体的影响是可以忽略的,甚至有的研究还认为有些添加剂能够减少人患癌的风险。如果什么添加剂都不添加,反倒可能导致食品细菌超标或者被氧化影响健康,吃的时候我们还未必能觉察出来。当然,添加剂不能过量,前面也说过,量太大了,吃米饭都能撑死。

总有人会有这样的观点：人工的都是不好的，天然的都是好的。所以很多东西经常打着"纯天然"的旗号高价出售，也不管自己是什么类型的产品，就来蹭热度：

"纯天然的 Kindle 了解一下吗？"

"哦，你那叫竹简。"

在古代，毒药都是纯天然的，不用说古代，就说现在，发芽的土豆、生吃的豆角、长霉的粮食、野外的蘑菇，吃了都有可能中毒。还有纯天然的"有机"流感病毒，想不想来点尝尝？疫苗是人工的，反倒能预防病毒侵害。毒蛇是天然的，"解药"却是人工的。

还有传言说桶装方便面盒的内侧添加了一层蜡，实际上方便面盒一般是聚乙烯淋膜纸，本身就防水，如果涂蜡，那真是"瞎子点灯白费蜡"。而且即使把蜡吃下去，也不会积存在胃里让你变成"蜡肉"，对胃肠功能正常的人来说没什么影响。我第一次吃同学从欧洲带回来的奶酪，就把奶酪外面的蜡封一起吃了，我当时还很惊讶：国外奶酪这么高端，居然是红色的！你看，这里面还带夹心的！

至于蜡的味道怎么样？确实"味同嚼蜡"……之所以有这个成语，说明以前就有人吃过蜡。

空腹到底能吃啥?

陈辰最近身体不适,自述症状:每天晚上都有饥饿感,自行吃饭后缓解。

确实,很多人都觉得,"夜深人静的时候是想吃的时候"①,然后又觉得"马无夜草不肥",怕影响身材,所以就想着吃点水果,或者喝点脱脂牛奶来稍微"治愈"一下自己。

然而刚要喝牛奶或者吃水果,可能又会想起这样的说法:空腹

---

① 编者注:化用歌曲《想家的时候》歌词"夜深人静的时候是想家的时候"。

不能喝牛奶,空腹不能吃香蕉,空腹不能吃西红柿,空腹不能吃橙子……空腹这也不能吃,那也不能吃,给人的感觉好像只要你是空腹,就啥啥都不能吃,只能继续空腹,然后继续啥也不能吃,直到饿死为止?还是说饿了就只能去医院打葡萄糖?

也有人说,并没有说空腹时所有东西都不能吃呀,比如可以喝粥、吃米饭啊。那这样的话,每次吃水果之前,都要先喝碗粥或者吃顿饭打个底过渡一下?如果你真这么做了,可能就会想起又有一个说法:"饭后吃的水果会在肚子里腐烂。"你看,空腹也不能吃,饭后也不能吃,难道水果只配被观赏吗?

还有人特别喜欢大肆宣传"空腹不能喝牛奶",说因为牛奶里面含有的大量蛋白质,在空腹时会被优先转化为能量,没有补充到人体组织的蛋白构成中,导致营养浪费。你看,"空腹不能喝牛奶"中是用"不能"这个词,让人乍一听以为喝了会不舒服或者不健康,结果发现他说喝了也不会怎么样,只不过是"浪费了"。这是典型的为了吸引眼球而发布的谣言。

而且"浪费"的说法也不靠谱。确实,人体首先会选择糖和脂肪供能,没有糖和脂肪的时候会用蛋白质供能。但从营养成分表中可以发现,牛奶中是有乳糖和脂肪的。退一步说,即使喝进来的蛋白质被转化成能量,又怎么样呢?饿了吃东西补充能量,这能叫营养的浪费吗?难道饿了就不能吃蛋白,只吃白糖和肥肉才算没浪费营养?哦,肥肉可能都得算浪费了,因为里面也有蛋白质。那难道应该喝纯油脂?鸡蛋和瘦肉都得趁饱的时候赶快吃下去,等饿了就来不及了?这显然很荒谬。

再说,假设空腹喝进来的蛋白质真的被浪费了,那当你喝第二口牛奶的时候是不是就不算空腹了?要真觉得蛋白质没补充上,你就再多喝几袋呗。所以,其实空腹喝牛奶不用紧张,有的人喝了牛奶之后会不舒服,很可能是因为过敏或者"乳糖不耐"。

不过,空腹吃刺激性的食品确实有时候会导致胃肠不舒服,比如过凉、过辣的食品,但也因人而异,像一些地区几乎每个菜都是辣的,饿的时候都不能吃饭了?西方很多国家,餐食本来就是凉的,并且还配着冰水或者冷饮,也都习以为常了。所以总体来说,无论你是空腹吃辣还是空腹吃凉,还是既吃辣又吃凉来个"冰火两重天",只要你吃起来没有不适感、不是某种食物一次吃太多,通常都不必担心"空腹"能不能吃的问题。反倒是"饱腹"的时候很多东西不能吃,因为再吃就撑了。

打假有时也有假

陈辰的中学同学结婚请客,买了一箱可乐,大家打开一看,上面写的"白事可乐"。来参加婚礼的老师说:"我早就说过,要认真审题!"其实类似的"假品牌"还有康帅傅、雷碧、太白兔、脉劫、爽爽歪、大个核桃……小时候经常玩"大家来找碴"的智力游戏,看来还真是有实践意义。

很多朋友还看过曝光假冒食品的新闻:勾兑的果汁、掺水的牛奶、拼接的牛肉、假冒的羊肉……不禁让人怀疑吃下去的每一口饭菜的真实性：你以为你以为的真的是你以为的？电视剧《康熙微服私访记》里还有用萝卜冒充人参的情节，不过生活中我倒还没发现这种情况，毕竟我也买不起人参。

随着国家的大力打击和新闻媒体的曝光，老百姓也有了比较强的防范意识，所以"打假"的新闻往往会受到大家的关注，于是就有了很多借着打假名义吸引眼球的文章或者视频，杜撰出一些所谓的假冒食品。

"假鸡蛋"就是被杜撰出来的假冒食品之一。有人说买到的鸡蛋里面像"橡胶弹力球"一样，认为这是人造的假鸡蛋。但是这些人想没想过，人造蛋有多难？比人下个蛋都难——当然这么说是夸张了，但制造鸡蛋难度极大，特别是蛋壳太难做，都说"巧夺天工"，"天工"好做，人工可不好做。不过可能有人会说：这有什么难的啊？做成乒乓球不就行了？

如果拿乒乓球冒充鸡蛋，会有人买回来之后才发现吗？这是打算卖给什么样智商的客户呀？卖给猴，猴都不信这是鸡蛋。要真想以假乱真，制作出来的"鸡蛋"不能是特别圆的球，外壳质地也得和蛋壳比较接近，另外不能有拼接、打孔的痕迹。就算能造出高仿鸡蛋，有这么精巧的技术，谁用来做假鸡蛋赚钱？卖一块钱一个还不够成本呢。

像前面说的，如果鸡蛋"弹力"比较大，往往是因为鸡蛋被冻过了。还可能遇到鸡蛋形状比较奇怪的情况，比如有的是"蛋包蛋"、有两层壳，等等。这些问题多数是鸡的责任，有的是下蛋时没下好，有的是鸡生了病或者吃的东西不合适。

另外有时候买回来的鹌鹑蛋上面黑色的斑点会被水洗掉，也会被怀疑这是人造的"假鹌鹑蛋"。人造鹌鹑蛋的难度就更大了：不仅要做这么小的蛋壳，还得做花纹——有这两下子去做蛋雕不好吗？但有人会说："虽然人造不容易，但可以用别的鸟蛋冒充啊！"确实，在鸽子蛋上画出黑点或许可以冒充鹌鹑蛋，但是如此冒充的肯定不是没良心的商贩，而是"缺心眼"的商贩，因为鸽子蛋比鹌鹑蛋贵多了。

再说，鹌鹑蛋和鸽子蛋煮熟后也比较好区分，而其他的鸟蛋冒充鹌鹑蛋就更难了。所以鹌鹑蛋的掉色，据分析很可能是由于这个

鹌鹑蛋比较新鲜，或者是下蛋的鹌鹑缺乏某些元素。

除了"假鸡蛋""假鹌鹑蛋"外，还有关于"假蔬菜"的传闻。网上流传过一个小视频，说可以用塑料或蜡做出一个逼真的假包菜，这实际上是仿制蔬菜，就像蛋糕店台子上摆的蛋糕模型，看起来以假乱真，摸一下便知真假。而且仿制蔬菜要20多块钱一个，比很多真蔬菜都贵，材料也比较轻，要是按斤卖那就更亏了。

还有人自称发现了塑料做的假大米、假粉丝、假紫菜，咱先不说塑料是什么口感、能不能咬得动，也假设人们吃饭都是"生吞不嚼"发现不了，这种造假首先就是个赔本买卖，就像你想去买块玻璃，不必担心商家拿水晶来糊弄你。

04

欺骗感情的

动物

语文书里的"假"刺猬

上小学的时候,语文课本里曾经有一篇课文叫《带刺的朋友》,里面说刺猬能够爬上树,摇晃树枝,把红枣摇落一地,然后刺猬再下来在地上一滚,把枣子都扎在后背上带回去。很多人虽然没学过这篇课文,但是从小也听过类似"刺猬偷枣子"的故事。

这些故事不免让人觉得,以这刺猬的智商,当刺猬都有点屈才了。而且很多故事都会讲到刺猬偷各种水果,说它们用后背的刺扎上水果再搬运。不光有讲刺猬偷枣的,还有讲刺猬偷苹果、偷橘子、偷山楂、偷草莓的,让人感觉刺猬不是一种动物,而是一种偷水果的"神器",要是放到中国古代,没准还能当"铁蒺藜"用。更过分的是,有的故事讲刺猬偷西瓜,我就想,刺猬这体重跟西瓜比,到底谁偷谁啊?不过好在倒是没有讲刺猬偷菠萝、偷榴莲的,可能刺猬也怕扎不过它们,所以就更没有刺猬偷仙人球的故事了。

但问题来了,刺猬只顾着把水果扎在后背上了,有没有想过这些水果怎么弄下来?刺猬可没有那么长胳膊往下拽。另外后背上留下的果汁去哪洗?有人说,这不难啊,刺猬到家之后身子一抖刺一

顺，水果自然就掉下来了。这种说法听起来好像刺猬练成了上乘武功，不仅能爬树，还会一招叫"老龙抖甲"的绝技，真是文武双全。还有人说，其实这水果也不用非得弄下来，一群刺猬聚在一起，你吃我后背上的，我吃你后背上的，不就行了？后背上的果汁也可以互相给舔干净、擦干净啊。按他这么说，这刺猬群体好像也有"澡堂子文化"，得互相搓背：

"来，大哥给我搓搓！"

"今天又背了二斤苹果？你这刺上咋这么多苹果汁呢？"

"背啥苹果呀，是我今天见着路上有盒汇源果汁，就给运回来了。"

实际上，刺猬根本没有这么高级的智慧，并不会用后背的刺搬运水果。刺猬其实不是特别爱吃水果，主要吃虫子、老鼠一类的肉食，偶尔也吃果子、农作物，但吃素一般是因为饿急了，可不是为了减肥。有时候我们会看到刺猬后背上有红疙瘩，但这不是枣子，很可能是寄生虫。另外刺猬适应能力强，一般没有传染性疾病，不随意咬人，可以说是人类的好朋友，所以有的刺猬也会被当作宠物饲养。

其实在 20 世纪 30 年代，中国科普界已经对"刺猬偷枣"进行过科学辟谣，但仍然不断有这种故事在流传。不过也可以理解，因为这些其实都算是文学创作，就像有个故事叫《懒熊买西瓜》，说两只熊把西瓜滚回了家，没有人会觉得熊真的会去商店买西瓜，但刺猬这个故事听起来好像非常"合理"，不免会被很多人当真。

还有一篇文章叫《斑羚飞渡》，也只是一篇动物小说，并不是真实存在的。斑羚组织能力没有那么强，至于里面说斑羚能够精准完成空中"对接"，一只斑羚能踩另一只斑羚的后背越过山崖，作者设计这种情节，可能是因为他看过《天龙八部》……

动物能预报地震?

我们现在经常听到有关地震的新闻报道,有些地震还产生了比较大的破坏力,造成灾害。所以就有人想,打雷还能先看到闪电呢,地震给人的感觉好像比迅雷更不及掩耳,比公司加班来得都猝不及防。难道地震就不能提前预报一下,让大家有所准备吗?

我们现在确实有地震预警系统,因为地震在震中发生之后,具有破坏性的地震波传过来还需要一点时间,预警就是抢在地震波传过来之前,提前几秒或者几十秒发出警报,有点像战争片里一看敌机投放炸弹就赶快喊"卧倒"。但是这种预警毕竟是在地震发生之后，有人说这提前的时间也太短了，连藏的私房钱都来不及拿走。而且预警通知像微信群里的红包一样很容易被错过，可能聊了个天、擦了个地、打了个盹、生了个气的工夫，就"错过了好几个亿"。

那地震就不能提前预报吗？像天气预报一样，提前一天告诉你会下雨、要带伞不行吗？以我们现在的技术来看，地震可以长期地大概预测，但是无法精确预报哪天有地震。不过有人说怎么不能预测？我从小就听说地震之前很多动物都会有异常迹象，比如猫乱挠、狗乱叫、老鼠乱跑、鸡鸭乱跳，就连井水都在咆哮。让地震局大院里多养些猫、狗、耗子不就行了吗？再不行的话，就干脆把地震局和动物园合并成一个单位,一"套"动物,两块牌子,既能开放参观,又能预测地震。

确实,很多动物由于有更灵敏的感官,可能会感知到一些人类感知不到的东西,比如次声波、有害气体、重力变化等。动物感受到了这些异常,可能有不同于平时的表现。然而遗憾的是,动物并不会告诉你他们的具体感觉,更不会像人一样发个朋友圈来告诉老板自己哪儿不舒服,当然也不会告诉你是不是要地震。

陈辰有个朋友家里养猫,他喜欢抱着猫录视频:"我们一起学猫叫,一起喵喵喵喵喵"。你说你跟猫一起学猫叫,你能学得过猫吗?

人家可是专业的呀。有一天这猫非常反常，陈辰朋友就担心会不会是有地震，一夜都没敢进屋，后来发现是猫喝牛奶拉肚子了。所以他的猫反常只是因为拉肚子，和地震没有什么关系。后来他带着猫去看病的时候，发现给猫看病特别贵，因为猫没有医保。

狗乱叫也不一定是因为要地震，没准是因为发情，毕竟"单身狗"的滋味不好受。另外，地震之前动物也不一定都会有异常，所以不一定每次动物异常都会地震，也不一定每次地震之前动物都会有异常，啥都不一定，这还预报什么？如果今天预报地震没来，明天预报地震又没来，那就麻烦了，因为有个故事叫"狼来了"，可能大家都听说过。

如果将来能把动物异常和地震之间的联系进行更深入的研究，建立对应的预测模型，通过动物来预报地震或许是可以实现的，当然，更有可能的，或许是通过模仿动物的传感器来实现地震预报。但目前还不行，我们不能仅通过动物的行为来判定地震是否发生，这就好像有的时候你虽然会感觉到地面在震动，但这并不是地震，而仅仅是因为有个200斤的人从旁边走过。

蚊子也"挑食"?

每个人都希望被别人喜欢,但都不希望被蚊子喜欢。我们也都喜欢别人发红包,但不喜欢被蚊子"发红包"。

实际上蚊子最爱的美食并不是人类的血液,当然更不是啤酒和烧烤。大多数蚊子是吃素的,也就是喝一些花蜜和植物的汁液,听起来好像挺养生的。"吃荤"的蚊子里面大多数也不是专攻人类,很多蚊子主要叮咬青蛙和鸟类,但听起来叮咬鸟类似乎比较危险,万一碰上了燕子,到底谁吃谁呀?

其实只有某些特定种类的蚊子以人类的血液为"主食",而我们现在也有很多驱蚊防蚊的产品,比如花露水、驱蚊液、蚊香、蚊帐、电蚊拍等,特别是夏天晚上出门,如果不带花露水或者驱蚊液,回来这胳膊被咬得都能当按摩器用了。但陈辰夏天晚上出门就从来不用带花露水或者驱蚊液,他的驱蚊方法就是带着他妈妈,这样蚊子就不会咬他了。

陈辰的妈妈也经常抱怨自己招蚊子,说自己是O型血,"万能输血型",连蚊子都能"输"她的血。

04　欺骗感情的动物

不过"招蚊子"真的和血型有关吗?有不少科学家做过实验,早期有的实验数据确实是从统计上认为蚊子偏爱 O 型血,但后来又有科学家用同种蚊子、同样的实验方法进行研究,却得到了不同的结果,认为蚊子的偏好和血型不相关。更多的研究认为,蚊子的偏好至少不是直接和血型相关,具体情况也和蚊子的种类有关。看来蚊子也是"众口难调",咬人的时候并不是直接按照血型排行榜"点菜",我们也不能简单认为某种血型就招蚊子。

虽然蚊子可能并不偏爱某种特定血型,但蚊子却偏爱特定的气

味。蚊子往往会根据气味找人，能感知二氧化碳及乳酸、尿酸、脂肪酸之类的化学物质。胖一些的人呼出的二氧化碳和散发出的气味通常更明显，而且比较胖的人表面积也大，容易找到下嘴点，估计会排在蚊子世界"大众点评"的前几名。

但有些人觉得，自己减肥成功之后怎么还招蚊子呢，难道这些蚊子是"回头客"，上次记住了"他的血是特色"？其实招蚊子和很多因素有关，比如代谢的快慢，另外体温和体表湿度较高也容易招蚊子，所以运动后人往往更受蚊子的喜爱。特别是出汗多、身上有臭味的时候，细菌也在发挥作用，蚊子就会"闻风而来"。也有研究说喝啤酒之后容易招蚊子，喝完酒的人对蚊子来说可能就是个天然酒吧，蚊子来"蹦迪"来了，大概是也想"不醉不归"，"酒不醉人蚊自醉"。当然这是开玩笑的，喝酒招蚊子真正的原因其实还没研究清楚。

其实蚊子喜爱什么样的人是比较复杂的，还有很多谜团有待破解，不过讲卫生至少可以减少被蚊子"临幸"的情况。但陈辰妈妈还是觉得很冤："明明我这么瘦，也不怎么出汗，而且整个人干干净净的，为什么还被蚊子咬？"陈辰说："干净整洁才更容易被咬，你看，这不都9月了嘛，现在的蚊子可能都是处女座。"当然，陈辰妈妈"招蚊子"的真正原因，或许是有些化妆品也容易吸引蚊子——不过如果化的妆过厚可能蚊子的嘴就扎不进去了。

被冤枉的小龙虾

陈辰妈妈特别反对陈辰吃小龙虾,她说吃小龙虾容易痛风,而且说小龙虾是一种虫子。陈辰和他妈妈说:"小龙虾和虫子只是长得像,因为它们都是节肢动物。"他妈妈说:"对呀,吃多了痛风,严重不就得'截肢'了吗?"

还有很多人说小龙虾是臭水沟里长出来的,但据统计,中国人每年都会吃掉上千万只小龙虾,如果小龙虾都养在臭水沟里,这得需要多少臭水沟?

实际上小龙虾现在大多数是人工养殖的。一般认为小龙虾原产于美洲地区，后来被引入日本，据说本来是想作为牛蛙饲料，引入中国之后发现，这么好吃的东西不能都让牛蛙吃了，还是我们人类先尝尝吧，用小龙虾养牛蛙再去吃牛蛙，还不如直接吃小龙虾好吃呢。有人说，小龙虾是一种入侵物种。确实，小龙虾繁殖速度特别快，容易对其他物种造成威胁，会破坏生态，不过很明显，它对中国的入侵失败了。而且如果不是人工繁殖，估计早就全军覆没，被吃光了。之前听说有的国家鲤鱼成灾，有的国家生蚝成灾，那估计是他们的烹饪技术不够好，在"吃货"的眼里，如果恐龙还没灭绝，可能也早就成为餐桌上的美食了。

还有人说小龙虾能不能养着养着养大了，游到海里去成为大龙虾？听起来倒有点鲤鱼跳龙门的意思，但遗憾的是，小龙虾长不成大龙虾。小龙虾学名叫克氏原螯虾，这个名字也给它自己正了名，告诉了大家自己不是虫子。小龙虾和大龙虾根本就不是一个物种，所以长得再大也只能是大个的小龙虾。就像丑小鸭能变成白天鹅，不是它自己多能长，根本原因还是丑小鸭的父母是白天鹅。

也有人有疑问，吃小龙虾会不会有什么危害？小龙虾体内会不会有重金属？其实重金属主要在小龙虾的外壳和鳃上，而且重金属的含量主要取决于其养殖水源的污染程度，如果水源没有重金属，小龙虾能自己造出重金属吗？要是真能的话，估计早就有人直接用小龙虾冶炼重金属了。如果水体受到重金属污染，吃别的水产品也一样是会吃进重金属的。

不过确实不能吃不干净的或者没煮熟的小龙虾，这样的小龙虾可能带有不少细菌或寄生虫；当然不仅是小龙虾，吃不干净或者没煮熟的普通河虾和鱼也是不安全的。另外再好吃的东西也要适可而止，饮食要均衡，吃得过多对身体不好，这一点陈辰妈妈说对了。

所以我觉得吃小龙虾，其实最大的危害就是容易扎手，而且费了半天劲剥开之后肉就那么一丁点儿，看着挺大的一只小龙虾，体积全让脑袋给占了。

斗牛非得用红布?

"西班牙斗牛士"的名声可以说是传遍了全世界,也有不少相关的音乐作品或影视作品,在这些作品中,斗牛士往往要拿一块红布抖动,把公牛吸引过来,就像是在对牛说:"来呀,互相伤害呀!"

牛和红色经常联系在一起,斗牛用红布,股票牛市也是红色,还有一种饮料,叫作"红牛"。

有人说,斗牛之所以要拿红布,是因为红色能让牛愤怒。但如果真是这样，那斗牛过程中如果斗牛士出血可就麻烦了，本来就受伤了，血还把牛给招惹得更愤怒了。

也有人说，牛其实是色盲，所以实际上牛自己是分不清布是红还是绿，更分不清哪个是"牛市"，当然也不会发朋友圈感慨自己"仓又加错"了。

牛到底是不是色盲？要不给牛看看体检的色盲检测图？没准牛一看上面的图案，心里想："哎？这不我吗？"但是牛并不会告诉你它看见了啥，所以有科学家对牛的视网膜感光细胞进行了测试。

正常人类有三种感光细胞：红、绿、蓝，这三种光感的叠加整合可以让我们感知到各种颜色，例如，当红色感光细胞和绿色感光细胞被相同程度地激活、蓝色感光细胞没有被激活，我们就会看见黄色——红色和绿色的叠加。如果绿色感光细胞缺失，看红色和绿色就会觉得这是同种颜色，只是深浅不同，这就成了红绿色盲——这些人过马路就要小心了，得记住红绿灯的顺序，或者看看别人——不过看别人的时候也得小心，别和他们一起闯红灯。

而牛的眼睛就类似"绿色感光细胞缺失"，比较接近人类的红绿色盲，但和红绿色盲又不完全一样。牛只有两种感光细胞，属于"二色性视觉动物"，一种接近红色，另一种接近蓝色。所以牛眼中的世界具体是什么样呢？这个问题还是问问牛吧。

其实很多哺乳动物都是"色盲"，有的可能遇到雾霾天都看不出天是灰蒙蒙的。比如不同种类的蝙蝠，有些有两种感光细胞，有些只有一种。有人说，蝙蝠不是看不见东西吗？实际上大多数蝙蝠视力还是很好的，只不过它们的"回声定位系统"太出名了，被称为"活雷达"，因此忽略了它们的视力。很多蝙蝠连夜晚活动都可以直接靠眼睛,不太需要开"回声定位"。

人类在很多动物面前也相当于是"色盲",比如一些鸟类和昆虫有四种或者五种感光细胞,而皮皮虾有 16 种。皮皮虾的世界里是"十六原色",而不是"三原色",它们会感觉这个世界更是个"花花世界"。感光细胞就 16 种,再进行组合,能看见的颜色就更多了,人区分不了的颜色它们没准都能区分。有的男生看到这个知识点之后特别激动:"皮皮虾,我们走,帮我给女朋友挑口红!"

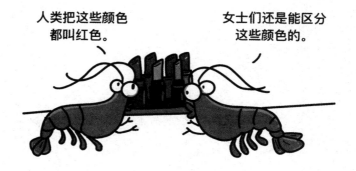

所以对牛来说,红橙黄大概只是深浅不同。有人做过实验,用不同颜色的旗子来斗牛,发现牛对旗子的颜色似乎不怎么感兴趣,而是更关注旗子的挥动和亮度。所以不能组织西班牙的牛去看升旗,西班牙满是红色和金色的国旗飘扬起来，可能牛就按捺不住要冲上去——那就得找斗牛士来当护旗手了。

从保护动物的角度来说，"斗牛"对牛太不友好了。我们夸奖他人都说"老黄牛精神"，牛为人类耕地挤奶，没事儿还斗人家？有人说斗牛是欺软怕硬，你咋不斗狮子呢？——马赛人确实是斗狮子的，但现在狮子是保护动物，所以我们还是斗"虱子"吧。

动物传说别当真

除了前面讲的几种被冤枉的动物之外,我们小时候可能还听说过很多关于动物的不靠谱说法,而长大以后也一直信以为真。

比如现在人们经常提到一个词叫"鸵鸟心态",指的是遇到困难时就像鸵鸟遇到危险一样把脑袋插在沙子里,挡住眼睛,就"眼不见心不烦"了。然而鸵鸟可能表示不服,自己啥时候干过这事儿?把脑袋插到沙子里,那不就憋死了吗,这和自己"活埋"自己有啥区别?这就等于见到危险自己先抹脖子。

可别瞧不起鸵鸟，同样都是鸟，差距可就是那么大。鸵鸟是世界上最大的鸟，身高"两米挂零"，体重三百多斤，就像大家常说的"又高又胖"，这体型，走在大街上，一般都没人敢惹。鸵鸟要是盯着你看，你都不敢说"你瞅啥"，别说它遇到危险了，估计别人觉得它就挺危险。当然它这个身材飞是飞不起来，但遇到危险可以跑，鸵鸟每小时可以跑70千米，差不多1秒跑20米，要知道城市内的道路一般开车限速都是每小时60千米，鸵鸟跑起来比在城里开车都快。另外就算不跑，真动起手来鸵鸟也不"白给"，哦，鸵鸟没手，应该叫动起脚来，动起脚来它能踢死一头雄狮。所以要按照武侠评书里的说法，这鸵鸟既会"陆地飞腾法，十二个字的跑字功"，又会"踢柏木桩的功夫"，何至于遇到危险时就把自己"种"到土里呢！

还没我跑得快呢。

其实经常被我们冤枉的不仅有鸵鸟,还有鱼。我们常说鱼的记忆只能维持7秒。不知道大家见没见过那种现杀的活鱼,整条煮的,煮鱼的时候鱼还会在锅里自己翻身。如果鱼的记忆只有7秒,是不是煮鱼的时候鱼都不记得自己曾经还是一条生鱼?面对着水不深火却挺热的环境,鱼可能还在想:"哦,世界原来是烫的!"

实际上有科学家做过实验,鱼的记忆有的可以长达好几年,特别是鲑鱼,之所以能"洄游",在成年之后还能找到自己当年出生的"老家",就是因为它们记住了当年的环境和气味。

童年的时候很多人还试过把蚯蚓切成两段,看看一条蚯蚓能不能变成两条蚯蚓,确实有时候会成功。童年的时候我不禁感慨:这种"一变二"的本领除了蚯蚓会,也就孙悟空会了!长大以后更感慨:人要是也能像这样分裂成两个,是不是就能一个去加班,另一个回家休息了?

确实有些动物具有再生能力,但实际上不一定总能成功。有时候被切断的蚯蚓确实能分别长出来新的头和尾,形成两条完整的蚯蚓,但这和蚯蚓的种类、自身状态、外界的环境等因素都有很大关系,比如切开之后有半个蚯蚓是没有头的,如果自身"储能"不够的话,很可能还没等头长出来就先饿死了。

其实蚯蚓还有一个特点,就是雌雄同体。有的人知道之后更感慨:人要是这样,就不用被催婚了!遗憾的是,蚯蚓虽然是雌雄同体,却是异体交配,生孩子仍然是两条蚯蚓的事儿。

05

现代的

前沿科技

辐射都会致癌吗？

有不少人认为现代工业的发展和科技产品的应用给我们带来了不少身体上的危害，对健康不利。比如，有人听说手机有辐射，就觉得平时用手机很危险，总是提心吊胆的。还有更邪乎的，说手机用多了之后，什么发炎啊，溃烂啊，发烧啊，癌变啊，都会出现，人被辐射得浑身是病。确实，手机是有辐射，但有辐射就一定危险吗？有人说，当然了，有辐射就是危险啊！你看原子弹爆炸，一下辐射死那么多人，这手机也能辐射，不就是相当于微小型原子弹吗？

我之前在电视节目中也讲过，实际上任何物体都有辐射，我们每个人也都有辐射，而且不管活人还是死人都在向外辐射红外线。之前有人说祖坟冒青烟我倒没见过，但祖坟冒红外线这可是真的。

所以辐射并不是都危险，原子弹爆炸产生的那种伤害性的辐射叫"电离辐射"，这种辐射确实是危险的，也是已经被明确证实是会致癌的。但手机辐射、Wi-Fi辐射、蓝牙辐射、微波炉辐射，包括我们每个人向外发出的红外线，叫作"非电离辐射"，一般不会对人类造成损害。为什么说"一般"？有没有"不一般"的情况呢？

有啊，比如把一个人放进微波炉里加热，只要能装进去，也是可以烤熟的。微波炉加热用的是非电离辐射的电磁波，可人都熟了，这还能说没有危害吗？时间再长点可能都直接火葬了。但这种属于发热产生的危害，不是辐射直接产生的伤害，目前科学上也不认为非电离辐射会致癌。

如果去医院拍 X 光片，X 射线是属于电离辐射，所以可以看到门上有一个警示标志，写着"电离辐射危险"，医生都需要穿着铅皮的围裙和衣服。但如果在家用电视机的红外线遥控器开关电视，没有说遥控器上面画个骷髅头的，也没人让你穿着铅皮衣服看电视，也并不会用着用着就得癌了。否则的话，如果家里来了歹徒，拿起遥控器对他"咔咔咔"一顿按，歹徒就被吓得抱头鼠窜了。手机、Wi-Fi、微波炉的辐射也都是非电离辐射，不会致癌。

电离辐射虽然有危害，但如果辐射强度很小，人也不用担心。实际上我们生活的空间中本来也存在着一定的电离辐射，叫"本底辐射"；坐飞机也会接收到比地面上更多的电离辐射；拍 X 光片接收的辐射剂量会比坐飞机更大，但实际上剂量是严格控制的，对人影响不大，所以我们不用谈"辐射"色变，即使是电离辐射，剂量小的话对我们的危害也不大,而非电离辐射的危害一般就更可以忽略了,所以,不必因为女朋友在向外发射红外线,就不敢去抱她。女朋友如果不让你抱,也不会是因为你在发射红外线,更大的可能是你没洗澡。

U盘缩水？是个误会

前些年北京市消费者协会曾经曝光"缩水U盘"，说这种U盘"虚标容量，误导消费者"，买回来的8G的U盘，居然只有7.45G。不过按照这个标准检查的话，你会发现所有的U盘、硬盘都是"虚标容量"。难道是人心不古世风日下，大小厂商联合欺诈？不过虚标容量就虚这么点？不如直接四舍五入凑个整，标个10G。

也有人怀疑"缩水"的容量，是不是被"消磁"了？但U盘不是靠磁性存储，不存在消磁的说法。普通硬盘倒是用磁性材料来记录数据，但是生活中常见的磁铁也很难使它消磁。男生们不要指望拿个磁铁就能瞬间销毁 U 盘中前女友的照片，除非你拿磁铁把 U 盘砸碎了。

所谓的"容量缩水"实际上是"双标"造成的。我们平时经常说一个文件大小有"一百多 k"、"二十 M"、"五个 G"，实际上 k、M、G 这几个字母不仅在描述电脑文件大小的时候用到，在生活中也经常用到。大家都知道在生活中"1k"的意思是 1000，很多人谈及自己的工资时也愿意用 k，这显得洋气：

"你工资多少啊？"

"20k 到 25k 吧。你呢？"

"我 1M。"

1M 的月薪是有点吓人，在表示数量时，1M 是 1000k，如果用来表示工资也就是 1000000，年薪 1M 也不少了。而 1G 是 1000M，就是 1000000000，这个就更不能用于形容工资了，因为有这么多钱的人一般都给别人开工资。

所以每1000倍会有一个专门的字母来表示，而英文也每三位会画一个逗号，写成1,000,000,000。所以用k（kilo）、M（mega）、G（giga）分别表示1000、1000000、1000000000，后面再加上要表示的单位名称，就省去了写好多0的时间。

比如，如果你还记得中学物理课，电学里面会经常有电阻10kΩ、1MΩ这样的表示；如果不记得中学物理，小学数学课也学过千米（km）、千克（kg），如果连小学的也不记得了，总听过收音机"中波837千赫（kHz）""调频104.5兆赫（MHz）"这种吧？

如果听过就暴露年龄了。微波炉的微波频率大概为 2.5GHz；皮卡丘的十万伏特是 100kV，但如果故事里把皮卡丘的技能写成"100kV"的话，就显得皮卡丘很像个电工。

所以，一般表示数量的时候"1k=1000，1M=1000k，1G=1000M"，但电脑世界里就不一样了，电脑世界里计算字节（B）数量的时候，会发现 1kB=1024B，1MB=1024kB，1GB=1024MB。有人说，为啥用 1024，有零有整的，1000 进位多整齐啊！但对电脑来说 1024 更整齐。电脑采用二进制计数，电脑所有数字都用 1 和 0 表示，电脑不认识"2"这个数字，用"10"表示 2。再比如"1001"就表示 9，所以"1001 夜"在电脑看来也就一周多的时间，要想真表示一千零一，那得写一串 0 和 1。而 1024 正好是 2 的 10 次方，也就是 10 个 2 相乘，从电脑的角度来看是个"整"。所以，机器人如果参加高考的话，作文要求"字数不少于 1024 字"或许会让它更舒服。

所以 G（GB）、M（MB）、k（kB）就有不同的换算方法，生产 U 盘的时候是按照 1000 的换算方式计算容量，但电脑识别的时候，是按照 1024 的"大尺度"来衡量容量，8GB 的 U 盘就只有 7.45GB，看起来变少了——要是家里的体重秤也能这样就好了。

但这种不一样也容易引起混乱，后来国际上为了统一，把 1024 进位的 GB、MB、kB 变成 GiB、MiB、KiB，所以 8G 的 U 盘放到电脑里是应该显示"7.45GiB"。但由于标准制定的时间滞后，产生了很多遗留问题。硬盘制造商以 GB 为单位，而电脑显示的应该是 7.45GiB。但 Windows 系统目前还是"青山不改"，用 GB 来表示 GiB——等改了的时候，估计能上个热搜。

05　现代的前沿科技

冰箱不能放热食物？

相信大多数人小的时候都听长辈说过，饭菜要放凉了之后再放到冰箱里，并一直认为这是"生活常识"，有时候父母晚上炖了一大锅牛肉，恨不得半夜定个闹钟爬起来再往冰箱里放——顺便再吃两口。如果被发现了，就说："哎呀，冰箱放不下了"。

我当年刚听到这个说法的时候就感觉很奇怪：为啥不能热的时候把牛肉直接放冰箱里呢？怕牛肉感冒了吗？长辈解释说，热的时候放进去冰箱容易坏，因为会加重冰箱的负担。可能大家小时候听了这个解释之后都会不禁感慨：你们担心放东西太热，冰箱的负担会太重，怎么不担心留作业太多，我的负担会太重呢！后来想明白了，冰箱是买的，我是"垃圾堆里捡来的"。

有的长辈会说："这都是千百年来传下来的经验！"不要相信这句话，因为冰箱发明一共也没多少年。我们中国人一般也就是三十年前才开始买得起冰箱，所以他们的"冰龄"不一定比你长多少，估计还没真的弄坏过冰箱，就已经换新冰箱了。

我不怕超负担，
只要你放得进来。

冰箱的负担大小确实和放进去的东西的温度有关，但主要还得看你放多少，比如放进冰箱的是一滴刚烧开的水，改变不了大环境，对冰箱的影响就可以忽略；要是放一大堆室温的饮料进去，冰箱负荷也可能比较大，不过一般负荷大也并不会使冰箱损坏，不会说负荷大一点，冰箱身体就被掏空了，毕竟冰箱不是按"日抛型"设计的，负荷大的结果最多也就是费电。当然，冰箱可能会连续运转较长一段时间，从这个角度说，放东西多对冰箱的寿命或许多多少少有点影响，但影响非常小。再说买冰箱是为了啥？如果单纯为了省电、省冰箱，不买的话才省。

以前冰箱非常贵，20世纪90年代初，工薪阶层一个月挣几十块钱，买个冰箱要1500元左右，相当于是"奢侈品"了，那时候要是给女朋友买个冰箱，那估计比现在买个包都管用——就是没法背出来炫耀："你看，我男朋友给我买的限量款海尔冰箱。"所以以前长辈们会非常注意冰箱的"保健"工作，宁可自己受委屈，也不能苦了冰箱。但现在冰箱对于我们来讲已经很便宜了，所以我们还是应该多注意点自己的身体的保健工作。

那为什么热菜不必等凉了再放进去呢？因为各种食物里面或多

或少都会有一些细菌，而温度合适的话，这些细菌的繁殖速度就会比较快，有研究表明，4℃到60℃是细菌比较容易繁殖的温度，特别是夏天30℃室温，你觉得热得难受，细菌可觉得挺舒适的。所以要尽早将食物放入冰箱，尽可能缩短冷却的时间，用冰箱把细菌给"镇"住，要不然可能省下的电费还不够生病买药的钱呢。

当然，特别烫的东西也不适合马上就放进冰箱。试想一下，你把一壶开水放进去，那估计冰箱也吓得够呛，以为你在给它"用刑"呢。冰冷的抽屉可能受不了这种"冰火两重天"的变化，热胀冷缩过猛，可能更容易使冰箱损坏。而且，这样一来，冰箱抽屉里的冰激凌不就化了吗？油炸冰激凌可不是这么做的。冷藏室也是这样，放过热的食品也会影响旁边的食品保鲜。但其实只要不是过于极端，而且尽量别紧贴着放，对其他食品影响很小。

所以，只要温度别太极端，就不用刻意等到食物冷却后再放入冰箱了。但如果是刚出锅的油炸食品，还是先缓一缓，毕竟把冰箱弄得比烤箱温度还高也不太合适。

锂离子电池的充电误区

现代科技让手机电池越来越先进,曾经有一个手机广告说"充电五分钟,通话两小时",你信吗?充电五分钟我倒是信,但谁有空和你通话两小时啊!不过也有很多人会告诉你,千万不要"充电五分钟",每次充电要把电彻底用完,然后再彻底充满,否则就会影响手机电池的寿命。这种说法其实是不靠谱的。

有人会说:有科学家提出,电池是有"记忆能力"的,假如你每次都只充了50%的电,长期下去手机电池就习惯了,觉得充50%

就"满足"了,再多就充不进去了,电池总"吃"不饱,"胃口"就小了。感觉这个充电理论不像是科学家提的,倒像是健身教练提的。手机电池还有个能"饿小了的胃"?这电池是要成精吗?干脆当电子宠物算了,还能记得自己每天"吃几两干饭"。

甚至还有人说,手机电量每次都用到0%,然后再充到100%,电池才能保持最佳状态,但这不是让电池"暴饮暴食"吗?而且别忘了,充电宝也是一块电池,当手机没电的时候,如果充电宝剩余的电量只够给手机充到30%,你还要不要用这块充电宝给手机充电呢?如果不要,那充电宝的电量不被消耗掉,是不是也不能给还有一些电的充电宝充电呢?这个充电的僵局,到底是"保大还是保小"?

另外也有人说,手机刚买回来的时候要"充电激活",使劲儿充电使劲儿撑,就差说带电池去吃自助餐了。实际上刚买的手机并不需要"激活",倒是刚买的手机卡需要激活。

不过在以前,有些手机电池确实有"记忆效应"现象,比如当年用的镍镉电池,这种现象就比较明显。但所谓"记忆效应"其实并不是电池真的有脑子能"记忆",而是一种类似记忆的现象:镍镉电池如果电还没用完就充电,电池可能会被过度充电,长期下去电极板会"冒"出一些晶体,影响电解液与电极板的接触,导致供电时电压变低,让人感觉好像没充上多少电。

通话5分钟,充电2小时,我得去找个充电桩。

所以,镍镉电池确实会有记忆效应,而我们不希望它"记性"太好,有时候就会给它一碗"孟婆汤":定期进行完全放电、再充电,缓解一下症状，但也不是说每次都需要。另一种镍氢电池也有这样的特点，但是不太明显，而现在手机普遍用的是锂离子电池，锂离子电池没有这种"记忆效应"。我们就喜欢这种"无脑"的电池，充电多少，完全不用纠结。

但也有人说，锂离子电池上面写着充放电次数是有限的呀，也就能进行几百次充放电循环。其实这里面所谓的充放电循环，指的并不是插上电源就占一次名额，"先到先得，用完为止"，而是在测试的时候把电量彻底用光之后再完全充满，才算一次完整的循环，这种测试能进行几百次。另外有研究表明，彻底把电用光了再使劲儿充满，反而对电池不好，电池可能也会感觉"身体被掏空"了。如果不等电量彻底用光了再充，每次也不充得特别满，可能会更有利于电池寿命的延长。所以电池和人一样，不要暴饮暴食吃太撑，少吃多餐更有利于延长寿命。

手机充值，一次多充可能有优惠，但手机充电还是更适合少量多次的。

真假纳米技术

我们现在经常听到广告里提到"纳米技术",感觉带有纳米技术的产品都特别高端。但也有人会疑惑:广告中讲的这些东西里面真用到了纳米技术吗,还是单纯"蹭热度"的?就算真用了,这纳米技术好在哪?

直白地说,有很多人并没有搞清楚什么是纳米技术,只是觉得听起来好厉害。其实早在二十年前,"纳米技术"就很流行了,当时很多人不知道这个词是什么意思,甚至有人以为纳米是一种高端的粮食，可以和大米、小米、糯米、糙米、高粱米相媲美，甚至有人称之为"米中之王"。后来有人发现有个国家叫"纳米比亚"，猜测这个国家是不是盛产"纳米"？

现在如果有谁再跟你说"想吃纳米"，估计你会觉得他饿晕了，因为现在大家基本都知道纳米是一种长度单位，一纳米是十亿分之一米，特别小，大概是头发丝的几万分之一。所以纳米科学、纳米技术，其实主要是研究结构尺寸在1~100纳米范围内的材料的性质和应用。那为什么要研究这么小尺寸下的材料呢？因为尺寸小的时候,材料可能会有一些和大尺寸下不一样的性质。有时候我们需要小尺寸下的特殊性质,大尺寸的时候材料可能并不具备这种性质,"小时了了,大未必佳"。有个与此相关的术语,叫作"尺寸效应"。

说得稍微学术一点,就是当一个物体尺寸缩小的时候,它的表面积和体积的比就会变大。举个例子,我去蛋糕店买蛋糕,我都买六寸的蛋糕,不买八寸的。因为六寸的蛋糕小,所以它表面积和体积的比更大,如果奶油厚度差不多,一般六寸蛋糕的奶油比八寸的比例更高。当然我不买八寸的蛋糕还有一个原因,就是省钱。我们吃饺子爱吃大个的,因为吃饺子多数人是想吃馅儿,要不然吃面片儿就行了。大的饺子表面积和体积的比更小,所以皮的比例更小、馅儿的比例更大。我吃西红柿炒鸡蛋的时候爱吃小块的西红柿,因为调料主要在食物的表面,越小块的西红柿,表面积的比例越大,就越入味。

吃东西是这样,有一些物理性质也是这样,跟表面相关,比如表面张力、表面粗糙度等,物体大的时候,这些性质可能可以忽略,但物体变小了以后有时候就不能忽略了,物体特别小的时候,可能这些性质就成为主要性质了。这样的话就带来了一些新的性质,比如荷叶表面可以完全不沾水，壁虎的脚能紧贴墙爬行，这都是纳米结构带来的新性质。我们人类就很难趴在墙上不掉下来，评书里说的"壁虎爬墙""仙人挂画"，现实中还没听说有谁会。但我们有科学技术，可以用纳米技术做出防滑材料，用这种材料可以做爬墙的工具或者防滑鞋，当然，这种防滑材料可能就不适合做滑雪板了。

物品有没有用到纳米技术，关键看有没有新功能。纳米技术往往是通过单个原子或者分子来进行制造，或者用高精度加工的方式来制作出一些具有新性质、新功能的物质或物品（如材料、系统等）。

如果没有这种特殊性质、新功能,其实是不能称之为纳米技术的,有可能只是来蹭流量、促销量的。

所以,如果摊一个纳米级厚度的煎饼,然后做成一个煎饼果子,虽然也是纳米尺寸,但它并没有什么新功能,反而会因为面用得太少了,根本就不管饱。

其实传统国人往往喜欢大的物体,起名字都喜欢往大了起,比如名字里带"大""鹏""宇""山""海"等字。像《射雕英雄传》里有姐弟三人,名字都和长度单位有关:裘千尺、裘千仞、裘千丈,都特别大。但现在人们发现,小的东西,比如"微纳米",或许显得更加高端、更有"技术含量",不知道以后会不会有人把名字里的"娜娜"改成"纳纳"。

"量子速读"读不了

前段时间有新闻报道了"量子速读培训班":一群孩子围坐在一个教室里不停地埋头翻书,但并不是一页一页地翻,而是一手拿着书脊,一手把书从头"拨"到尾,就像我们平时在书里找夹着的东西一样,但比这翻得更快,培训班的人说这叫"量子波动速读法",用这个方法能提升阅读速度,"翻着翻着书就看完了"。

这种方法真能提升阅读速度吗?书翻得是挺快,但不等于读得快,这么翻书别说读了,就连书里有没有坏页都找不出来,不知道的还以为你热了在扇风呢。不过这种"读书"方法倒是挺锻炼手部肌肉的，上过这种培训班的孩子，读书能力怎么样不知道，撕书能力应该挺强的。

但培训班的老师说，这不是靠眼睛看的，学生也不用睁眼，这是靠感应，1分钟就可以读完10万字的书。听这意思不像感应，倒是像下载，换个5G的脑袋是不是会读得更快？另外咱们算一下，1分钟读10万字，1秒要读将近1700字。就算真能感应出书里的内容，头脑里能在1秒内浮现出1700字的故事情节吗？除非这1700字都是"啊啊啊啊……"

培训班的老师还说，翻书翻得越快，学生和宇宙的距离就越近。怎么着，万一翻慢了，还和宇宙渐行渐远了？

1997版的《天龙八部》里面倒是有这么一个镜头：吐蕃国师鸠摩智到少林寺，拿着书一翻，就记住了书中的内容。是不是办培训班的人看了这个情节后就当真了？那你咋不办个培训班教六脉神剑呢？学完之后还能去工厂里徒手做激光打孔，包教包会，毕业包分配，学不会报销往返路费。

05 现代的前沿科技

很明显,教六脉神剑不好骗,因为你得自己先展示一下。而拿量子速读欺骗孩子就比较容易了,通过书名,或者孩子翻书的时候培训老师几句话概括一下书中内容的大意,能让孩子大概了解书中内容,孩子就以为自己看完了书。于是培训班老师就说,只要"眼睛一闭一睁",一本书就读完了,全靠感应。那你去感应个《辞海》试试呗?

办培训班的人还说,这个"量子波动速读"的原理是"量子纠缠"。为什么这里面会用到"量子纠缠"呢?因为这个概念容易骗人,如果你是非专业人士,就很难搞懂量子纠缠到底是什么,而且听起来挺高大上的,"买不了吃亏,也买不了上当",结果买了个教训。这些人如果真理解什么是量子纠缠,也早就不用在这办培训班赚钱了。

量子纠缠可以用于通信加密,大概是说,具有纠缠态的两个粒子无论相距多远,只要一个粒子的状态发生变化,另外一个也会同时发生变化,有点类似心灵感应,但这只是打个比方,并不是说量子纠缠就是心灵感应，粒子哪来的心？

还有培训班说"量子速读"利用的是"量子的波粒二象性"，书里的文字自己会波动成图片或声音呈现在大脑中。别的先不说，就说书本身只是纸和墨组成的印刷品，文字的含义是人类赋予的，在不同的时代同一个字的意思都可能不一样，难道文字还能自己紧跟时代脉搏，随时改变自己的波动方式，将自己的最新含义传递给读者？要真是这样的话，书中不仅有黄金屋，还有人工智能呢。

为什么会有"遇事不决，量子力学"的说法？因为在量子的世界里，很多理论用我们日常生活的经验是难以理解的，比如"薛定谔的猫"。连相关专业的学生都会说"量子力学量力学"，说"量子力学越学越明白就是没学明白，越学越不明白就是学明白了"，大众普遍觉得量子力学挺"悬"的。反正你也不懂，我就什么都说是量子理论。今天有了"量子速读"，没准明天就有"量子高考"，告诉学生在考场上只要眼睛一闭，就被北大录取了——眼睛再一睁，发现在考场上睡着了。

06

生活中的
衣食住行

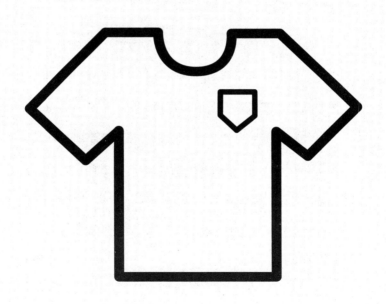

晕车到底怎么办?

不少朋友坐车会晕车,网上也流传着很多防晕车的方法,其中最有效的一个方法就是不坐车,这从根本上解决了问题。

但是当代社会不坐车也不现实,所以人们纷纷尝试流传的防晕车方法。其中比较经典的一个"传说中的方法",就是吃咸鸭蛋。这种说法其实听起来有点令人疑惑,咸鸭蛋这么神奇吗?那咸鸡蛋行不行?咸鹅蛋呢?不咸的蛋呢?多咸算咸呢?

我也向身边容易晕车的朋友了解过：你有没有试过吃咸鸭蛋防晕车？有的朋友说："车上那么多人，怎么好意思吃咸鸭蛋？"确实，车上饮食是不文明的行为。但如果上车之前吃呢？确实有朋友试过，上车之前吃了咸鸭蛋，本来是晕车，吃完咸鸭蛋变成反胃了。还有朋友也说吃了咸鸭蛋之后坐车吐了，其实他本来不晕车。所以有人总结：晕车就不要尝试吃什么东西来缓解了，尝试得再多，也只是吐的东西不同而已。

咸鸭蛋防晕车这个说法究竟靠不靠谱呢？目前查到比较早的相关文献资料是1999年出版的科技期刊《新农业》，第10期上有过

这样一段话:"有一次(我)又忘了带防晕车的药,途中感到不适时,偶然间从食品袋中摸出一枚咸鸭蛋吃下去,又吃了一根黄瓜。说来也怪,车走了一上午竟未晕车。从此,凡乘车外出前,我都先吃一两枚咸鸭蛋,再未晕过车。"

听了这个故事,感觉咸鸭蛋好像是防晕车的"仙丹",不过这个仙丹个头大了点。这个偏方的发现也让人觉得比较突然:没带晕车药,正好摸到咸鸭蛋,就吃了,吃完就不晕车了。这不是巧了吗?多亏带的是个咸鸭蛋,要是带的是个西瓜还不好切呢。

即使这个描述是可信的,这个结论的可信度也不高。因为作者同时还吃下了黄瓜,不晕车是不是黄瓜的作用?此后每次吃咸鸭蛋的时候有没有配着黄瓜吃?每次和咸鸭蛋一起吃的还有什么?或者,是不是因为鸭蛋太咸,吃完后必须使劲喝水,水起了作用?这些都未可知。这种叙事性描述,而且只是自己的经历体验,或许有时候可以作为现有结论的补充验证或者否定,但很难由此就得出一个"科学的配方"。

国外有没有相关研究呢?我也在 SCI 数据库搜索了关于咸鸭蛋和晕车的英文关键词,但没有搜索到相关文献,毕竟国外好像也不怎么吃咸鸭蛋，也就没有在晕车的时候恰好揣着个咸鸭蛋的事情发生了。

人为什么会晕车呢？是因为当坐在封闭的车厢里的时候，人和车大致保持相对静止，视觉上会感觉自己没有动；但人体也有类似手机传感器的器官，叫作"前庭"，手机都知道有人在摇自己，人就更知道了，所以前庭器官会告诉你自己是晃动的，但眼睛告诉你并没有晃动。于是大脑就搞不清了：到底动还是没动？你俩能不能把意见统一了再说？都把我搞晕了！

所以这其中的关键是看到的和感受到的不一致，就像有的时候坐在电影院，人是静止的，但是电影画面过于晃动，人也会感到头晕。越封闭越容易晕车，如果不封闭，你一直在看着外面，没有"静止"的视觉信号输入，感觉就会好很多。所以晕车的人不妨以后坐敞篷汽车，如果觉得敞篷汽车太贵，也可以试试自行车。

目前一般认为，有的人前庭器官比较敏感，所以容易晕车，甚至坐火车也会晕车，而且不晕车的人坐船、坐飞机也可能会晕，这都属于"晕动症"。大家也不要觉得自己不晕车不晕船就没有晕动症，可能只是因为还没遇到更加猛烈的晃动而已。每个人能淡然面对的晃动程度不同，就像喝果粒橙之前要摇一摇，喝可乐就不能摇，虽然都是饮料,但"怕摇"的程度不一样。

如果吃咸鸭蛋防晕车不靠谱的话,那应该如何缓解晕车呢?首先是防止眼睛关闭视觉信号输入,晕车的感觉会有所缓解,另外坐车时尽量坐前排,可以减少晃动;或者尽量向窗外看,让视觉上也感受到自己在动;如果看手机、看书可能会加重晕车。另外有些晕车的人,由于经常坐车,后来习惯了就不晕了。也有人发现,如果由坐车变为开车就不晕车了,因为开车时人的眼睛始终在注意着窗外的路况。不过要想开车并不容易,除了有驾照,首先你得能摇上号。

这些房子不能买?

很多人都想拥有属于自己的房子。但自古以来在大城市里买房都不容易,大家买房也都非常慎重,会尽可能选择一个比较理想的、完美的房子,然后发现选中的房子各方面都挺好,就差钱了,首付的首付都付不起,"买房没钱怎么办?向天再借五百万"。

所以有的时候得接受房子不那么理想,比如采光、格局、大小方面存在的瑕疵,不然怎么办呢?故宫倒是好,人家得让你住啊!所以房子不理想也可以先买着,有机会再换。

但有一些传言说,有的房子坚决不能买,比如有人说不要买9~11层的房子,因为这是扬灰层,脏空气都在这里聚集,污染物密度最高,住这种房子只能一辈子吃灰和土,所以白给都不能要——白给你不要我要!

实际上这个说法并没有科学依据。确实有一些理论计算和实验测试,表明某个高度颗粒物浓度相对较大,但现实生活中影响因素非常多,很复杂,这些模型、实验的研究很难得出一个统一结论。另外选择的测量空气质量的指标不一样(如PM10、PM2.5等),得出最容易聚集污染物的高度也不一样。即使是不同高度之间有污染物浓度差别，这个差别也不大，所以不会因为你买错了楼层导致你每天都在吃土，"吃土"一般都是因为要还房贷。

还有人说楼顶有手机运营商基站的房子不能买，但现在大多数楼顶都会有基站，有的楼内还有好几个基站。要真是坚持不买有基站的房子，可能只能买棵树来住了——不过也没准这棵树正好是个美化基站。

作为电子信息相关专业出身的人，我家房子的楼顶就有好多基站，而且我就住在顶层。我写这本书时，楼顶的基站天线距离我脑袋正上方不到两米。天天这样顶着天线，感觉自己就像个天线宝宝。那这样会不会"辐射轰顶""电磁穿心"，每天就像生活在微波炉里一样，终有一天会成为一个"熟人"？

实际上天线并不是向下发射电磁波，而是向前方发射，一般会向下偏 $10°\sim30°$ ，而从理论上来说，天线向正下方发射的电磁波密度应该接近于零，正所谓"灯下黑"，"最危险的地方就是最安全的地方"。

有人说，你这只是理论上的，实际上不一定吧？于是我专门测了一下,在我家里基站天线正下方测出的能量密度,和在楼下空旷的地方测出来的能量密度并无显著差别。如果把家里的Wi-Fi关了,还可能看见测出来的数值变小了一点点,所以楼顶上基站的影响,都不及家里Wi-Fi的影响大,而且二者都远小于我们的国家标准上限,连国家标准的十分之一都达不到。要知道,我们的国家标准本来就已经比欧洲一些发达国家和国际标准严格很多了。其实,即使是在天线正对的方向,电磁波的能量密度也会低于国家标准上限,一般对人没什么影响,只要你不是抱着天线睡觉。

不过有人怀疑：现在我们进入 5G 时代了，网速快了，是不是基站功率更大了？而且基站数量还增多了！实际上 5G 时代之所以建设更多的基站，也是希望每个基站的功率更小：基站数量增多，每个基站的覆盖面积就变小。你想想，要是全国就一个基站，为了联系到离得远的手机、覆盖这么大的面积，那基站的功率得多大？数量增多之后，基站其实就有点像 Wi-Fi，一栋楼每家都装 Wi-Fi，数量有很多，但每个只覆盖一个小范围，功率也不大。现在每栋楼多装几个基站，很多人就会担心，会有意见，但各邻居家都装了 Wi-Fi，怎么就没意见了呢？因为可以蹭网。

其实前面的文章也讲过，无论是手机信号还是 Wi-Fi，都属于非电离辐射，对人没有直接伤害，不过功率过大可能会产生一些热效应，所以前面所说的国家标准也是为防止这种"热伤害"，并不是防止电离辐射"直接伤害"，因为直接没有伤害。不纠结这些、心情愉悦，对健康才有更大的帮助。所以买房子时并不用担心所谓的"扬灰层"和楼顶基站，也不必非要一步到位，暂时有点瑕疵也没关系，只要别没有顶棚——没顶棚的那个叫大排档。

"衣食"可以防辐射？

"防辐射"似乎是现代生活的一个热门话题。我在前面的文章也说了，生活中所谓的辐射基本都是"非电离辐射"，并且功率很小，对人伤害几乎为零。但还是有人不放心，觉得"万一"呢？万一身边有电离辐射源、万一电子产品不合格产生电离辐射、万一本底电离辐射对胎儿产生影响，等等。因为电离辐射对人是有直接伤害的，所以很多人本着"宁可信其有，不可信其无"的态度，觉得"防防更健康"，于是网上传出了各种防电离辐射的"小妙招"。

记得小学的时候我看过一篇文章叫《茶的妙用》，说看电视的同时泡一杯茶能够防辐射。确实，20世纪90年代的电视和电脑用的显示器会有比较微弱的电离辐射，那时候还有不少研究显示屏辐射的论文。但泡茶就能防辐射吗？难道泡一杯茶往那一放，茶中的"神秘力量"就能罩着你，使辐射不能近身了吗？让人感觉这杯茶好像和法海那个钵盂是同款。是不是应该把这杯茶供上？然后这杯茶就成了"供茶"？

有人解释说，这里的意思不是防辐射，是喝茶能够提升免疫力，修复辐射产生的危害，但这也没有充分的科学实验依据。如果茶真的这么神奇，原子弹就没那么可怕了：只要你不在爆炸中心，就可以淡然地泡上两杯茶，一杯敬朝阳，一杯敬原子弹。而且似乎"提升免疫力"是个万能说辞，想说防什么病，就以此为原理，不管是什么都能说成万能神药。要这么说喝茶除了能防辐射还能止咳化痰、活血化瘀、健胃消食、强筋壮骨？一杯解千愁？喝茶确实有很多好处，但并没有那么万能、那么夸张，我觉得最大的好处还是好喝。

还有人说，电脑旁边要放个仙人掌，因为仙人掌能吸收辐射。仙人掌不是神仙的手掌，想吸什么就吸什么，更不存在"仙人掌在此，辐射'退位'"。你拿仙人掌防辐射,还不如拿平底锅挡一下。

之所以有人会觉得仙人掌能防辐射,大概是因为仙人掌在沙漠里生长:你看沙漠里那么强的紫外线都没把仙人掌晒出肿瘤。但就算是仙人掌自己不怕辐射,也不等于它就会主动把周边辐射吸走,所以这个说法估计是为了提高仙人掌的销量而编造的。广岛核爆炸之后,据说附近还有不少蟑螂幸存,怎么没人说蟑螂也能防辐射?因为没人卖蟑螂,只有人卖蟑螂药。

有的孕妇会穿防辐射的孕妇装。孕妇装里面的金属丝网确实或多或少能防一点非电离辐射，但对于电离辐射来说，作用几乎没有，想防电离辐射，你得穿个铅皮围裙，这不是小题大做吗？不过目前这种孕妇装也还是有用处的：穿了之后坐公交车会有人让座。

另外当年日本福岛核事故之后，曾经有新闻说要赶快戴上围脖，因为甲状腺更容易受到核辐射的伤害，所以赶快用围脖挡住。还有人把这个说法发到了"微博"上，于是围脖更好卖了。但围脖要是这么能防，原子弹爆炸时是不是用个大围脖把人裹住就行了？实际上围脖这种东西，只能阻隔一点点辐射和放射性粉尘沾染，作用很有限。

而且所谓"甲状腺比较容易受到核辐射的伤害"，主要原因也不是露着脖子没有遮挡，而是因为核反应会产生一些新元素，其中就有放射性的碘131。它会通过食物、水或者空气进入人体，之后在甲状腺富集，导致甲状腺更容易受到损害，并不是差那一层布捂着。要真是想用围脖来阻隔辐射，那也应该做个铅皮围脖，没准还能和孕妇装组成套装。

但如果身体中本来碘就比较多，甲状腺处于"满碘"的状态，这种"新进来"的碘131就不容易富集在甲状腺，会被代谢掉。所以生活在核污染区的人可以通过每天吃碘片"先把坑占上"。于是日本那次核事故引发了"抢盐"事件，盐里面确实加了碘，所以有的人想通过吃盐来补充碘防辐射。但正常人每天吃的那点盐，含碘量不及碘片的百分之一，远远不够。除非你一天吃一袋盐——那真是"我吃的盐比你吃的饭都多"，不过小心把自己吃成腌肉。

衣服必须分开洗？

住宿舍有时候会有这样的苦恼：想用公共洗衣机洗衣服，发现上一位同学洗完的衣服还留在里面没有收。仔细一看，他的外套、内裤和袜子居然放在一起"乱炖"，于是开始担心：他刚洗过这些，我接着用这个洗衣机，脏东西会不会沾染到我的衣服上？我该怎么办？给洗衣机消毒吗？不消毒可能也行，因为我要用它洗鞋。

当然这是开个玩笑，不过对于洗衣服似乎也有"相克"的说法，比如有人说内裤和袜子不能一起洗，有人说内衣和外衣也不能一起洗,很多长辈还说,洗衣机只是洗外衣的,洗过外衣之后,内衣就不能再用它洗了,防止"交叉感染",内衣必须要手洗。有人听说之后,觉得:让我手洗?那我宁可不洗。但不洗的话我更受不了,不如不穿。

但美剧里面连有洁癖的人都是在公共洗衣机把内衣和外衣一起洗的,这反映了很多西方人洗衣服的习惯。难道他们就"百毒不侵"吗?很多洗衣液、消毒液包装上还会标注"内衣外衣一起洗"来表示自己的消毒效果很好。究竟是长辈的经验不靠谱,还是消毒液的广告虚假宣传?赶快仔细看看用的"雕牌"洗衣液是不是"周住牌"的山寨产品。

其实,只要身体健康,洗的时候放好消毒液,之后晒干或者烘干充分,内衣和外衣一起洗一般来说是可以的。现在的消毒液效果还不错,洗涤消毒再加上晒干或者烘干,可以消除大多数细菌,不过肯定不会绝对无菌,所以尽量也不要用洗完的袜子包扎伤口。

其实无论你怎么洗,洗得多干净、多彻底,衣物上都肯定会有细菌残存,细菌无处不在。但人体有阻挡细菌侵袭的防御免疫机制,如皮肤就是一道屏障,一般不会说来两个细菌,人就感染生病了,所以,一般洗衣服也用不着去高温灭菌,在家里弄个高压灭菌锅煮一煮？或者放浓硫酸、双氧水（过氧化氢）进去消消毒？这样的话细菌是没了，衣服也没了——当然这些其实并不会把衣服彻底"融掉"，不过洗完之后成为"新款"倒是有可能。

不过如果免疫力较低，或者患有脚气等真菌感染类疾病，就还是不要将内衣、外衣和袜子"一锅乱炖"了。如果不具备烘干条件，晾衣服也见不到太阳，特别是一些地区梅雨季节衣服很难彻底晒干，这种情况下也不建议一起洗。细菌在干燥的环境下不容易生长繁殖，因为太阳的紫外线、烘干机加热能杀死很多细菌；但如果衣服一直晾不干，相对来说就没有那么安全，还是分开洗比较好。

对于洗衣机来说，洗完衣服的洗衣机内胆本来也不剩多少细菌，大多数都被洗掉或被消毒液杀死，等洗衣机的不锈钢内胆干燥之后，上一波衣服里带的细菌很难有大量残留，通常下次是可以用它继续洗内衣的。所以不用把内衣和外衣搞得"老死不相往来"，可以用同一个洗衣机洗，可以用同一个衣架挂，更可以晾在同一片蓝天下。

其实很多事情并不是"非黑即白"，不是只有"可以"或者"不可以"两个答案，而是有一种概率。前面说"内衣和外衣一起洗一般是可以的"，也是从概率上来说内衣和外衣一起洗会引发疾病的可能性很小；如果分开洗，但用同一个洗衣机，导致疾病的可能性就更小；如果洗之前再给洗衣机内胆消消毒，或者内衣用另一个专用的洗衣机洗，可能性就更更小，就看你想把这个"可能性"降到多低。即使是内衣和袜子都分别手洗，如果是用同一个盆，实际上和用同一个洗衣机分别洗也差不多；如果不用同一个盆，那还得用同一双手啊——倒是可以戴不同的手套，并按照超净实验的标准流程来进行清洗操作，不过这样的洗衣服成本太高，内衣可能"日抛"更便宜。天天穿尿不湿算了。

以前长辈们可能买不起两个盆来分别洗内衣和外衣,就像现在一般也不买两个洗衣机分别洗内衣和外衣一样,洗衣机买得起,放洗衣机的地方买不起。所以,究竟怎么洗,更多是权衡自己的条件、时间及内心的接受程度,换句话说,"你高兴就好"。

微波炉加热食物致癌?

我们国家在 20 世纪 90 年代很多家庭就都有微波炉了,当时觉得微波炉神奇又神秘,能烹饪各种美食,买微波炉还会送一本食谱,上面的图片都"秀色可餐"。后来发现,微波炉最大的用途就是热剩饭。

虽然微波炉加热剩饭挺方便,但近年来流传很多关于微波炉加热食物致癌的文章,还都用了比较吸引人眼球的标题,比如"请立即停止使用微波炉""德国人从来不用微波炉""微波炉我准备砸了"——砸了不如送给我。

其实目前并没有足够的证据证明微波炉加热的食品吃了会致癌，反倒是有研究说微波炉加热食品更不容易致癌，因为微波炉加热不用明火，相对来说不容易烧焦，不像炒菜弄不好就糊了，炸和烧烤就更不用说了。微波炉加热时间过长，通常只是会使食物变干，不过就不要尝试放进去一串葡萄来烤葡萄干了，因为你可能不仅会得到葡萄干，还会得到"微波炉干"，甚至整个厨房都"干"了。"厨房干"是夸张了一点，不过两个葡萄紧贴在一起或者"藕断丝连"地放进去加热，确实是很危险的，好奇的话可以去搜索相关视频，看看别人的微波炉是怎么"没"的。

也有人说用微波加热过的食物，蛋白质结构会被改变，吃了会致癌。但你以为用火烤就不改变蛋白质结构吗？一般来说，温度过高蛋白质结构都会发生变化，要不然鸡蛋煮熟后为什么变成固态了？实际上微波加热和普通加热对蛋白质的影响差别不大。不过同样也不要尝试把鸡蛋直接放入微波炉里加热，因为整个的鸡蛋用微波炉加热之后，可能不会得到整个的鸡蛋，而会得到"整个微波炉全是鸡蛋"，会有一种儿时制作爆米花的亲切感，别问我是怎么知道的。

虽然微波炉加热食品不致癌，但如果微波炉加热过程中用的塑料容器是不合格的产品，却是有可能致癌的。一些塑料在受热的时候会释放有害物质，不过如果塑料容器上面已经标注了"可以微波加热"，那它通常是安全的。可以微波加热的塑料要求很严格，释放出的有害物质的量远小于有害剂量。但有人担心这些塑料容器会不会是没经过检测和许可，自己胡乱标的呢？就像有些街边摆的号称是几百年前的古董瓷器，仔细一看上面标着"微波炉专用"，而且标的还是简体中文。如果担心"山寨产品"，不如就用玻璃器皿加热吧。

那微波炉本身的微波会不会致癌呢？前面讲过，微波炉使用的微波属于"非电离辐射",目前认为是安全的。那万一将来认为不安全呢?确实也有可能。很多人信不过微波炉和微波炉加热的食物,就是因为觉得这没有经过时间的检验,万一将来发现了之前没发现的新发现呢?不像大米饭经过千百年的检验,古人长期大量的"自我实验"告诉我们这个东西没危害。

这种想法从某种角度来看确实是有一定道理,但仔细想想,经过长期检验的东西就没危害?比如坐月子中的一些陋习,以及远古人类的"茹毛饮血",这些也是经过相对长时间的实践检验的,不也一样被推翻了?时代在变化,万物在发展。而且我们现在真的会有很多经过成千上万年检验的东西吗?大米白面虽然吃了很多年,但是种植用的化肥、农药经过成千上万年的历史检验了吗?用收割机收的农作物会不会影响健康?万一将来发现粮食必须人工收割才没危害呢?万一将来发现大米白面等吃了都有害,要是吃别的一些东西,人类能活到300岁呢?

我们对事物的判断,只能基于现有的科学认知,不能生活在"万一"中。如果总考虑没有经过长期历史检验、未来万一发现了什么问题,那就很难生活了。可乐、烤冷面、炸虾片也没诞生多少年,怎么没人怀疑它们的安全性呢？所以其实"没有经过长期历史检验"只是出于一种焦虑心理，当美食诱惑足够大的时候也就顾不上了。而不敢用微波炉，关键还是因为微波炉做出来的食物并没有多好吃，不像烧烤摊，明知道烧烤会致癌，还天天爆满。

关于飞机的那些谣言

飞机通常会给人一种高端的感觉，乘务员都特别有礼貌："先生/女士您好，您的座位在这边。"而不会说："上飞机都往里走一走，往里动一动！放行李的先生别在那堵着！都往里面走一走了！来，关门！"送餐的时候给人的感觉也不一样，会温柔地问您想喝点什么，没有人推个小车吆喝："啤酒饮料矿泉水，花生瓜子八宝粥，德州扒鸡有需要的吗？"

坐飞机的人越来越多，随之而来的谣言也越来越多。比如，有人说飞机上只有一顶降落伞，是给机长用的。所以有人担心，万一机长跑路怎么办？实际上飞机上不仅没有给机长留降落伞，还要求飞机遇险时机长最后一个离开飞机。如果飞机出故障，机长弃机而逃，导致机毁人亡，即使跳伞活下来，被抓住之后也会从重处罚，还会留下千古骂名。所以机长旁边最多也就放个雨伞，要是背着它跳下去，就和玩无线蹦极一样，玩完了就玩完了。

为什么不能给每人一顶降落伞呢？因为跳伞不是你想跳，想跳就能跳，不仅需要专业训练，而且"大家一起跳，伞绳会缠绕"，这样跳伞很难成功。再说在客机飞行的高度，高空环境下的低温低气压再加上飞机飞行速度快，想跳伞成功也是很难的。要是跳伞那么容易，以后飞机从哈尔滨飞到三亚，沿途去哪都可以直接"下放"，飞机都不用停。往下一看长春到了，下去一波人；往下一看武汉到了，又下去一波人。真这样的话，如果是冬天，你会发现飞机上坐着身着不同厚度衣服的人，从不同地方跳下去。

还一直有传言说飞机上的粪便是直接排到空中，有人听了之后出门走路都担心，怕万一"飞流直下三千尺"，看到天上有飞机都想赶快卧倒。记得20世纪90年代看过一篇小学生"优秀作文"，作者说自己问过飞机上的工作人员，工作人员说粪便是直接排到空中，不过在空中会被风摧残，"化为灰烬"，所以地面上的人不会被"飞翔"砸中。现在看来这篇作文虚构的成分比较大——小学生作文虚构也不奇怪，小时候本身也没多少经历，却硬让你写一件最难忘的事。其实"写一件最难忘的事"这件事才是最难忘的，不仅最难忘而且最难。

非常早期的飞机厕所确实是将粪便直接排到空中的,"晴空一便排云上",就好像20世纪90年代的火车,从厕所的排便管道可以直接看到地面,上厕所的时候无聊就看着地面运动,感慨"火车跑得快,全靠车头带"。所以那时候火车进站是不让大小便的,要不然站台得什么味?想上厕所得憋到开车。但飞机无论是90年代还是现在,都是把粪便收集起来最后一并处理的。要是飞机厕所直通外界,高空中零下五十多度的低温,氧气稀薄,上次厕所还不得缓个十天半月的?弄不好排便的过程中人直接就给冻住了。

还有一个影响非常广泛的谣言:坐飞机开着手机,信号不会影响飞机安全。有人还说:"你看我每次都开着手机,飞机也没事。"这是一种严重缺乏科学逻辑的思维方式,就像有的人被铁钉子扎得挺深却还不打破伤风针,就像雷雨天去空旷的河边钓鱼,这一次可能没事,下一次……可能就没有再下一次了。

打开手机是不是会影响飞机安全,确实目前是有争论的。从理论上说,电磁波会从飞机的玻璃窗、舱门的缝隙"跑"出去,可能干扰机载天线对信号的正常接收。虽然手机和飞机的通信频率不同,但仍然会有背景杂波对通信产生影响,不过影响很微弱,造成干扰导致失事的概率也极小，目前也没有证据显示有航空事故是和手机通信相关的。虽然概率极小，但每天这么多次航班，万一哪个航班赶上，对于个体来说就是不可估量的损失。而且遵守规则、不开手机的成本很低，你在高空的时候，手机也没有信号，飞机离地面较近的那几分钟，你先不刷短视频，只要飞机安全降落，后面也还是有大把的时间可以刷。所以飞机落地后滑行的时候，让人很不能理解的一件事就是尽管空乘人员提醒大家先不要打开手机，很多人还是会纷纷打开手机打电话。其实多等十分钟，家人也急不了，客户也跑不了，业务也黄不了——股票就不好说了。

关机或者开成飞行模式这种要求，是经过多方权衡讨论之后做出的规定，遵守的成本非常低。如果开手机危险很大，那上飞机就直接不让带手机了，就像上飞机不让带炸弹一样，你说我只带着不点燃，可能吗？正因为手机开机干扰不大，所以也只采取遵守成本比较低的方案，让大家关机。但很多人缺乏理性思考和基本逻辑，不愿意执行，这也是要做好科普的原因。可能有一天会证明手机对飞机完全没有影响或者有很大影响，这也没关系，知识是会变的，但逻辑是统一的。

后记：慧眼识谣

在我们国家不断宣传教育之下，相信封建迷信的人越来越少了，绝大多数人都知道要相信科学。然而，很多人却难以分辨哪些说法是科学的，特别是很多商家也摸准了大众的这种心理，打着科学的旗号来进行各种"忽悠"。他们有经济利益可图，所以积极性特别高。而辟谣往往是一种公益活动，一般都是科技工作者出于良心来做，由于其中没有经济利益，这也就无法作为职业来维持生活。所以很多科普作家经常说：造谣的都是专业的，辟谣的都是兼职的。

后记：慧眼识谣

很多年轻人会觉得长辈经常相信一些"养生偏方"，像什么打鸡血、吃醋蛋、喝红茶菌、做甩手操、爬行运动、倒立疗法……他们还会转发一些文章，什么"最好的长寿方法""打通血管的绝密配方在这里""吃它，胜过无数补药"，等等。大概我们每个人都会加入一个充满谣言的微信群，叫"相亲相爱一家人"。

这些谣言有什么危害？很显然，它们会传递错误信息，扰乱正常逻辑，破坏方法体系。首先是传递了错误的信息，比如说治病，错误的方法很可能耽误或者加重病情，小病治成大病，大病治成绝症；二是谣言里面很多逻辑不正确，却伪装得正确，使人形成错误的逻辑思维；三是本来科学研究和分析有其独特的方法和体系，比如"双盲实验法"，而谣言的传播会让大众误以为谣言里的分析方法才是正确的，科学的研究方法是不必要的。

这些谣言如何鉴别呢？其实不好鉴别。大多数人并不是专业人士，对科学知识难以有深入了解，而且科普文章往往是文学作品，很多时候并不需要标注信息来源、参考文献，不容易溯源。所以更多情况下，人们只能通过常识和逻辑判断信息的真假。

常识判断好理解，比如"永动机"，这违背了基本的能量守恒，肯定是谣言。有些谣言还可以通过亲自做实验来验证真假，比如说手机辐射能把鸡蛋煎熟，我们自己试一下就知道真假了。但是像富兰克林放风筝这种传说就不要尝试做实验证明了，尝试还是要以科学常识为基础，要不然容易把命搭上。

而逻辑判断的方法，指的是思考接收到的信息中有没有偷换概念之类的逻辑问题。用逻辑来判断信息真假，我总结出三条规律：绝对化的语句多数不可信，条件的变化通常要小心，剂量的大小会

影响结论。

首先，绝对化的语句多数是不可信的，并不是说一定不可信，但是要慎重。有人说"世界上没有绝对的真理"，我不同意这个观点，因为如果"世界上没有绝对的真理"，那这句话本身是不是绝对的真理呢？如果不是，这就矛盾了。所以其实应该说世界上有绝对的真理，什么是绝对的真理？这句话就是绝对的真理。但是绝对的真理是比较少的，比如说，"世界上一定没有×××"，这种说法就有点绝对，因为证明世界上有什么比较容易，找到就行了；证明世界上没有什么，这就比较困难了，得排除所有可能，还不一定能保证排除得干净。

其次，条件变化通常要小心，这里面就可能有前面提到的偷换概念。比如前文说的，正常人体血液是弱碱性的，让你测一下唾液，唾液如果是酸性就说明你的身体不健康。当你发现唾液真是酸性，就可能会恐慌，而仔细想想，之前的条件是"血液"是弱碱性，后面检测的却变成了唾液，那正常人应该是"酸"还是"碱"就不一定了，人体并不是"一酸百酸"。

最后，就是剂量大小，说"××有毒"，这得看剂量。有人说是药三分毒,实际上或许是饭都有一分毒,什么重金属、农药,都不太可能绝对没有。很多东西都有其"安全范围"。水喝多了,也能水中毒。

所以通过思考,我们可以初步判断出一些内容的真伪或者是否科学,然后再去进行多方印证。如果想要相对深入地了解相关知识,还可以查阅相关的专业文献资料,如果判断不了真伪,就不要轻易相信。其实,人也应该以怀疑的眼光看待每一个结论,正所谓"尽信书不如无书"。另外权威媒体、科学文献发布的消息,相对来说可信度高一些，通常不会故意造谣，但也不排除有一些错误或失误，比如图片误用。

所以我们面对网上的信息要做好自己的判断，用科学精神来防止谣言泛滥。这正是：

面对科学谣言，不要上当受骗。

先用常识判断，有些亲自试验。

注意剂量条件，小心偷换概念。

要想了解全面，还可查阅文献。